Vol. 42, 3
2006

W9-CHL-448

études
françaises

Sommaire

Ahmadou Kourouma ou l'écriture comme mémoire du temps présent

numéro préparé par Josias Semujanga et Alexie Tcheuyap

EXERCICE DE LECTURE

Ahmadou Kourouma
ou l'écriture comme mémoire
du temps présent

Présentation

JOSIAS SEMUJANGA
ALEXIE TCHEUYAP

Consacré à Ahmadou Kourouma, ce numéro veut rendre hommage à un écrivain de renommée internationale et se faire l'écho de l'activité critique que suscite toujours son œuvre, presque quarante ans après la publication de son premier roman, *Les soleils des indépendances*, par la revue *Études françaises*, en 1968.

Par son titre, cette livraison aborde les romans de Kourouma à partir de l'idée que ceux-ci évoquent des sujets en prise directe avec l'histoire de l'Afrique contemporaine telle qu'elle se construit au jour le jour. Certes, parler de temps présent pour évoquer la fiction romanesque ne semble guère convaincant quand on sait l'immense travail de subversion de la fiction sur les événements historiques. Cependant, par une telle ouverture à l'histoire contemporaine et à l'actualité la plus proche, comme les guerres coloniales, le tumulte des indépendances nationales, les dictatures de la guerre froide et les guerres civiles des temps présents, ce dossier établit la façon dont Kourouma échafaude l'histoire de l'instant[1] sur l'Afrique par le détour du roman. Et cela sans

---

1. Sur la controverse entre l'histoire immédiate et l'histoire du temps présent, controverse qui révèle la tension entre historiens sur la construction du savoir historique, on peut consulter avec profit l'ouvrage de Jean-François Soulet (*L'histoire immédiate*, Paris, PUF, 1994) qui fait la synthèse des débats sur le sujet. L'auteur note que, d'un côté, il y a ceux qui soutiennent l'idée que, pour qu'il y ait histoire, il faut un temps de recherche et de réflexion, donc un certain délai. Et celui-ci est arbitrairement limité à la période dite du temps présent, à la date butoir de l'accessibilité aux archives publiques (trente ans le plus souvent); au-delà, ce serait l'aventure, la navigation à vue, bref, le lieu de tous les risques. Ce point de vue n'est absolument pas partagé par tous. Car, de l'autre côté, il y a

que la séparation soit étanche entre le fictionnel, l'esthétique et l'historique. Ce faisant, une question surgit. Pourquoi, et comment, à l'heure
actuelle, parler des rapports entre roman et mémoire dans l'œuvre de
Kourouma sans revenir au temps de la critique sociologique qui voit
partout de l'actualité dans la littérature africaine ? Ne serait-ce pas une
voie comme une autre de revenir à un certain moralisme colporté aussi
bien par les écrits afrocentristes que par les postulats eurocentristes
dont on connaît les écueils dans l'histoire de la critique africaine ?

On sait, en effet, que, dès son commencement, la critique littéraire
africaine, comme tout autre procès critique, considère que la littérature s'est conquis un espace autonome, un lieu de discours volontiers
figuré comme au-delà des normes et des pratiques sociales[2], même si
cela n'a pas empêché certains critiques de contester cette autonomie,
comme le faisaient encore, entre autres, les auteurs des *Actes du colloque
de Yaoundé : le critique africain et son peuple comme producteur de civilisation*, en 1973. L'engagement politique de l'écrivain comme du critique
a sans doute encombré pendant longtemps la critique africaine de
moralisme esthétique. Cependant, les analyses initiées par les théories
linguistiques dans la foulée du structuralisme ont abordé les textes
africains comme objets autonomes dont le procès esthétique résiderait
dans la forme, en se donnant pour objectif une analyse basée sur les
structures des œuvres.

De façon spécifique, de très nombreux critiques de l'œuvre de
Kourouma, dont on cite ici quelques exemples, recoupent plus ou moins
cette double tendance de la critique africaine à la fois moralisante,
engagée, mais aussi analytique. La critique a déjà souligné l'humour
ravageur, la puissance d'évocation, la complexité des personnages,
d'une œuvre hantée par l'absurdité, à travers une langue forte, très

---

ceux qui pensent que, avec ou sans archives officielles, l'histoire peut et doit s'écrire, et
que le travail de l'historien reste possible, sous certaines conditions, jusqu'à une date très
rapprochée de nous. Au total, ce dernier courant entend donc par « histoire immédiate »,
l'ensemble de la partie terminale de l'histoire contemporaine, englobant aussi bien celle
dite du temps présent que celle des trente dernières années ; une histoire qui a pour caractéristique principale d'avoir été vécue par l'historien ou ses principaux témoins.

2. Au sujet de l'histoire de la critique africaine et du débat sur les différentes tendances,
voir, entre autres, les travaux de Locha Mateso, *La littérature africaine et sa critique*, Paris,
Karthala, 1986 ; Josias Semujanga (dir.), « La littérature africaine et ses discours critiques »,
Études françaises, vol. 37, n° 2, 2001 ; Romuald Fonkoua (dir.), « La critique littéraire », *Notre
librairie*, n° 160, 2005.

orale, qui restituerait en profondeur l'Afrique contemporaine, comme le notent deux numéros de revue consacrés récemment à l'auteur[3].

Bien auparavant, Makhily Gassama, dans *La langue d'Ahmadou Kourouma ou le français sous le soleil d'Afrique*[4], avait publié une étude linguistique et littéraire des *Soleils des indépendances*, qui se livrait également à une méditation sur la fonction sociale de la littérature africaine de langue française dans le devenir culturel du continent africain car Kourouma marque, avec sa *malinkisation* de la langue de Molière, une césure qui allait faire date dans les écritures africaines. Madeleine Borgomano — *Ahmadou Kourouma, le guerrier griot*[5] —, présente les structures des romans *Les soleils des indépendances* et *Monnè, outrages et défis*, en les situant au carrefour des grands événements qui ont marqué l'Afrique moderne aussi bien sur les plans stylistique que thématique. Et dans *Des hommes ou des bêtes ? : Lecture de* En attendant le vote des bêtes sauvages *d'Ahmadou Kourouma*[6], la même critique note l'approfondissement de la stratégie conciliant oralité et écriture, abordée déjà dans *Les soleils des indépendances*, au point que Kourouma en arrive à verser l'épopée dans les fictions narratives alors qu'elle était reçue comme récit historique racontant des faits véridiques. Ce faisant, Madeleine Borgomano montre comment une combinaison de deux esthétiques aux perspectives liées — oralité et écriture — a débouché sur l'élaboration d'un genre nouveau caractérisé par le mélange de genres fort hétérogènes.

Sur la même lancée, Pius Nkashama Ngandu analyse, dans *Ahmadou Kourouma et le mythe : une lecture de* Les soleils des indépendances[7], le travail littéraire de Kourouma en signalant que celui-ci est, pour une bonne part, une sorte de rétrospective d'épisodes déterminants de l'histoire de l'Afrique dans la mesure où le romancier réécrit les mythes de l'Afrique précoloniale et les reverse dans l'actualité où ces récits ont perdu le caractère de récits véridiques qu'ils avaient dans les temps reculés de l'Afrique précoloniale. Amadou Koné poursuit la même réflexion sur les rapports entre les romans de Kourouma et les récits

---

3. *Présence francophone*, n° 59, 2002 (numéro spécial consacré à Kourouma) et « Ahmadou Kourouma : l'héritage », *Notre Librairie*, n° 155-156, juillet-décembre, 2004, (numéro spécial en hommage à Kourouma).

4. Paris, ACCT/Karthala, 1995.

5. Paris, L'Harmattan, 1998.

6. Paris, L'Harmattan, 2000.

7. Paris, Silex, 1986.

épiques[8]. Même si, comme l'indique le titre, *Des textes oraux au roman moderne : étude sur les avatars de la tradition orale dans le roman ouest-africain*, son ouvrage vise l'influence des récits épiques traditionnels dans le roman africain moderne en général, l'auteur consacre aux romans de Kourouma une place importante dans son analyse.

Il existe d'autres études sur Kourouma, mais elles recoupent *mutatis mutandis* celles qui viennent d'être évoquées. Elles visent à démontrer la spécificité d'une écriture *malinké* de la langue française ou à explorer les subtilités de l'esthétique du « griot africain », comme si l'africanité — concept ambigu — était une forme littéraire. Tout se passe alors comme si, à force de définir à tout prix des « spécifités » linguistiques ou culturelles, les critiques de Kourouma, comme c'est le cas avec beaucoup d'écrivains africains, pèchent par ignorance, peut-être, lorsqu'ils versent ainsi dans un certain essentialisme. Ils procèdent comme si l'écriture était d'abord africaine avant d'être romanesque, comme s'il incombait aux écrivains africains une sorte de « fardeau de la preuve », à repérer absolument, ou à mettre à l'œuvre dans un genre littéraire très commun, le roman. Cette tradition critique laisse souvent échapper d'autres aspects littéraires tout aussi importants.

C'est dans un tel contexte que s'inscrit le présent numéro d'*Études françaises* qui entend aborder l'écriture de Kourouma dans une tout autre perspective, celle des rapports du roman avec les mémoires du temps présent. Des traces des événements historiques qui rapprochent le roman des récits de témoignage existent. Nombreuses. Apprécier cette archive romanesque de la mémoire africaine exige cependant d'analyser les modalités de sa mise en fiction plutôt que d'envisager de tels événements au premier degré comme l'expression d'une pure réalité sociale. Car, se souvenir de Kourouma, c'est aussi soutenir une certaine conception de la littérature face à d'autres discours comme l'histoire. C'est interroger le regard de l'artiste sur la société à travers un discours — la littérature — et un genre : le roman. Dans ce numéro, la réflexion sur le roman et l'histoire est abordée sous trois principaux angles, qui ne sont évidemment pas exclusifs.

Celui des rapports entre l'histoire et la fiction est tout d'abord traité par Josias Semujanga, Alexie Tcheuyap et Sélom Gbanou qui analysent, chacun à sa manière, la façon dont le roman retravaille les événements

---

8. Amadou Koné, *Des textes oraux au roman moderne : étude sur les avatars de la tradition orale dans le roman ouest-africain*, Francfort, Verlag für Interkulturelle Kommunikation, 1993.

historiques et leur donne une dimension esthétique. Le deuxième angle de notre dossier est constitué par l'analyse linguistique des romans de Kourouma, romans métadiscursifs agissant sur le débat de la langue d'écriture dans la critique africaine. Les enjeux linguistiques révèlent toujours une rhétorique et une poétique du discours romanesque, et de nouvelles formes de récit, depuis les traces des discours antérieurs (Christiane Ndiaye), ou les figures de l'humour (Xavier Garnier). Une troisième perspective est représentée par des approches faisant elles-mêmes le procès du romanesque chez Kourouma dans le but affirmé de valider les réflexions venant d'autres disciplines des sciences humaines comme les études féministes (Véronique Bonnet) ou la phénoménologie du récit de témoignage (Armelle Cressent).

Si le roman se manifeste, suivant le choix de l'écrivain, sous forme d'archive d'une mémoire du temps présent ou comme celle de l'histoire immédiate, c'est qu'il permet de réfléchir sur des relations qui se tissent entre la critique littéraire et l'histoire comme discipline. Car l'écriture romanesque trie dans la masse des événements de l'histoire pour en construire le sens dans sa double acception d'orientation et d'axiologie sur la ligne du temps. Subsisterait-il une certaine nostalgie idéologique ou éthique de la critique littéraire, voulant que la reconfiguration d'une histoire-mémoire du temps présent en Afrique, ou dans le monde, passe aussi par la littérature? Dans un sens, on serait tenté de répondre par l'affirmative. De fait, s'interroger sur de tels rapports, comme le fait chaque auteur de ce dossier, c'est indéniablement une manière d'explorer également ce qui, pour chacun, fait figure de valeur dans l'évocation des événements du passé pour le lecteur actuel.

Sigles des principales éditions utilisées dans ce numéro

A : *Allah n'est pas obligé*, Paris, Éditions du Seuil, coll. «Points», 2002 [2000], 223 p.

E : *En attendant le vote des bêtes sauvages*, Paris, Éditions du Seuil, coll. «Points», 2004 [1998], 380 p.

M : *Monnè, outrages et défis*, Paris, Éditions du Seuil, coll. «Points», 2003 [1990], 277 p.

Q : *Quand on refuse on dit non*, Paris, Éditions du Seuil, coll. «Points», 2005 [2004], 159 p.

S : *Les soleils des indépendances*, Paris, Éditions du Seuil, coll. «Points», 1995 [1970], 195 p.

Des ruses du roman au sens de l'histoire dans l'œuvre de Kourouma

JOSIAS SEMUJANGA

Introduction

Ahmadou Kourouma publie son premier roman en 1968. Aussitôt, la critique salue la nouveauté et l'originalité d'un auteur qui réinvente la langue romanesque africaine jusque-là embourbée dans le style de la langue classique et scolaire[1]. Une mémoire translinguistique et transculturelle voit progressivement le jour et conduit à ce que la critique considère désormais comme le style Kourouma, que d'autres écrivains adopteront dans une large mesure. Cette invention linguistique repose également sur une mémoire historique qui se déploie sur une ligne du temps allant de la fin du XIXe siècle jusqu'au XXIe siècle. Comment percer le sens du couple réalité/fiction dans les romans[2] de Kourouma ? Telle est la question principale abordée dans cette étude, dans laquelle on voudrait noter que Kourouma ne construit pas la mémoire de l'Afrique contemporaine à partir de grands récits de la Colonisation,

---

1. Makhily Gassama, *La langue d'Ahmadou Kourouma ou le français sous le soleil d'Afrique*, Paris, ACCT/Karthala, 1995 et Amadou Koné : « Bilinguisme et écriture du français. Écrire deux langues à la fois », dans Gilles Dorion (dir.), *Le français d'aujourd'hui. Une langue à comprendre*, Francfort, Verlag Moritz Diesterweg, 1990, p. 440-448.

2. Le corpus se compose de quatre romans de Kourouma — *Les soleils des indépendances*, Paris, Seuil, 1970 [1968] ; *Monnè, outrages et défis*, Paris, Seuil, 1990 ; *En attendant le vote des bêtes sauvages*, Paris, Seuil, 1998 et *Allah n'est pas obligé*, Paris, Seuil, 2000 — et exclut le récit posthume publié en 2004, un an après la mort de l'auteur : *Quand on refuse, on dit non*, me paraît pour le moment comme un texte inachevé portant la trace marquée d'un travail de l'éditeur.

de la Décolonisation, de la Négritude comme le font les romanciers qui l'ont précédé, notamment Mongo Béti ou Sembene Ousmane.

Bien que ses quatre romans soient construits différemment sur le plan narratif et qu'ils diffèrent nettement par leurs sujets, ils forment un tout cohérent, un univers romanesque autonome propre à l'auteur, doté de ses corrélations intellectuelles et artistiques. Une telle unité se construit autour de la figure de l'histoire. Ce qui ne veut pas dire que les romans de Kourouma seraient compris comme un diagnostic sur les conséquences de la colonisation et de la dictature contemporaine en Afrique. Au contraire, sous prétexte de décrire la vie en Afrique, Kourouma pose les questions du sens de l'existence de l'homme africain moderne d'une façon tout à fait originale et nouvelle, mais de manière oblique et ironique.

Contrairement aux discours dogmatiques — discours colonial, négritude, indépendance — ou de l'historien, dont l'objet est la vérité, les romans de Kourouma se construisent sur le principe de la dissolution des vérités absolues tout en utilisant les documents et les discours historiques.

La configuration narrative de l'histoire

Les événements survenus en Afrique depuis la conquête coloniale et les discours qui les prennent en charge sont naturellement très nombreux. Certains, comme les coloniaux, magnifient la mission civilisatrice du projet ; d'autres — africanistes, indépendantistes, etc. — évoquent les massacres et l'assujettissement du continent. Les romans de Kourouma embraient donc sur un continuum de récits qui, en filigrane, les double, les éclaire, les prédétermine et crée chez le lecteur un système d'attente, en renvoyant implicitement aux récits déjà connus. Ils sont néanmoins loin d'être de simples réactions d'un univers symbolique résumant les grands problèmes existentiels en Afrique. En mettant en lumière la connexion existant entre l'histoire « officielle » et son affabulation romanesque comme style de vie, consistant à faire voir le monde avec distance, Kourouma a remarquablement engagé une bataille contre la forme romanesque telle qu'elle est pratiquée en Afrique depuis les années 1950. Ses romans se manifestent sous forme d'une parole, une explication ou un discours apparaissant comme une *transperception*, c'est-à-dire la perception qui traverse et dépasse les discours hégémoniques et les figures monumentalisées. Car le roman, par son pouvoir de créer des fictions, constitue un lieu qui traverse et transcende toutes les facettes d'un événement et fait procéder la création esthétique d'une quête ou d'un mouvement vers la face cachée des choses, vers une *transréalité*[3] proche du sacré, c'est-à-dire ce qui *relie* les différents niveaux de réalités à travers et au-delà d'un événement. Étant une fiction, le discours romanesque se traduit par un sentiment — le sentiment artistique, ici littéraire — qui relie les êtres et les choses.

On sait depuis longtemps que l'art du roman réside en priorité dans ce jeu qui mêle ou sépare l'exigence du réel et le désir d'émerveillement ou de crédulité feinte permettant de jouer entre la vraie vie et la vie rêvée. Tout se passe comme si «la réalité de référence [était] alors moins constituée par les personnages et les événements auxquels il est fait allusion que par la voix que nous avons l'illusion d'entendre[4]». Parce que, ajoute Marthe Robert, «[l]e degré de réalité d'un roman n'est jamais chose mesurable [...], il ne représente que la part de l'illusion dont le romancier se plaît à jouer[5]». Inhérent au roman, le poids du réel s'exerce grâce à des événements inventés mais assez vraisemblables pour engendrer l'illusion, ou avérés par l'histoire. Participant à la cohérence d'une vision romanesque, ils produisent alors la fiction. S'il a pour vertu de maîtriser une continuelle ambiguïté entre le vrai et le faux, le roman crédibilise l'invention et jette le doute sur ce qui est historique. Car «[l]a littérature [...] qui peut ou doit être fausse, à l'opposé de la parole des sciences; c'est une parole qui, précisément, ne se laisse pas soumettre à l'épreuve de vérité; elle n'est ni vraie, ni fausse, [...] c'est ce qui définit son statut même de fiction[6]».

Par un tel statut ambivalent, le roman de Kourouma permet d'aborder «les zones d'ombre de la mémoire officielle et de la mémoire collective» dont parle Régine Robin[7]. À la recherche des traces du passé pour dire le présent, le roman, parcourt des lieux de mémoire en sillonnant les zones les plus sombres pour révéler le passé oublié, l'inscrit dans un

---

3. Cette notion de «transréalité» a été discutée ailleurs où je tentais de montrer que la littérature est une transculture. Ici, je ne fais que l'évoquer sans entrer dans les détails, car tel n'est pas le propos de cet article. Voir Josias Semujanga, «Liminaire», *Tangence*, n° 75 («Les formes transculturelles du roman francophone»), 2004, p. 5-13.

4. Pierre-Louis Rey, *Le roman*, Paris, Hachette, 1992, p. 48-49.

5. Marthe Robert, *Roman des origines et origines du roman*, Paris, Grasset, 1988 [1972], p. 21.

6. Tzvetan Todorov, *Qu'est-ce que le structuralisme? 2. Poétique*, Paris, Seuil, coll. «Points», 1973 [1968], p. 35-36.

7. Régine Robin, *Le roman mémoriel*, Montréal, Le préambule, 1989, p. 67.

récit, une histoire, une parabole, avec l'espoir de donner un sens à la vie en disant la misère et la joie de vivre des gens simples en marge de l'histoire. Avec Kourouma, celle-ci cesse d'être l'unique parole sur le monde et les événements. Car, rappelle Milan Kundera, le roman a commencé «quand l'unique vérité se décomposa en centaines de vérités relatives que les hommes se partagèrent[8]».

La référence aux fragments de l'histoire ne sert plus alors à affirmer leur existence mais plutôt leur supercherie. Évoquer la figure de l'Histoire de l'Afrique devient pour les narrateurs des romans de Kourouma prétexte à multiplier incessamment des versions de ce passé, à confirmer, par là même, non pas la permanence d'un sujet africain «identique» à travers le temps, comme l'ont créé les mythologies de la négritude, mais la vigueur d'un sujet historique en train de se faire. En démontrant que l'histoire officielle de l'Afrique et celle du roman sont par essence incomplètes, les narrateurs des romans de Kourouma soulignent qu'ils ne s'installent jamais dans les significations définitives qui réduisent l'écriture romanesque à une simple transcription des vérités historiques et à des répétitions formelles ancrées dans une culture. Ainsi, ils révèlent au lecteur leur plus grande vérité. Que reste-t-il des guerres coloniales, des mystifications de la négritude et des pères de la nation donnés en guise de liberté aux peuples d'Afrique, sinon les mémoires fragmentées, incomplètes que les récits romanesques télescopent pour en construire leur propre lieu de mémoire? La parole romanesque, par un jeu subtil de parodie systématique, se moque de telles certitudes affichées par les uns et les autres. Les narrateurs déconstruisent par des procédés de distanciation tout projet de dire la réalité historique, c'est-à-dire toute capacité à rapporter les faits historiques qui lui préexistent dans le discours social selon le régime de la véridiction. Les procédés de distanciation ont pour fonction de dire au lecteur que l'histoire qu'il est en train de lire est fictive et non véridique, tout en la situant dans des événements, eux, véridiques. Une époque. Des noms propres. Tout concourt à créer une atmosphère historique. Seule la liberté offerte par la fiction confère au roman une dimension de récits anecdotiques juxtaposés les uns aux autres sans la prétention du dire vrai spécifique au discours de l'histoire.

Sur le plan narratif, le récit, dont toute la perspective se soumet effectivement à la seule relation de l'avènement de la culture africaine

8. Milan Kundera, *L'art du roman*, Paris, Gallimard, 1986, p. 21.

moderne et ses prolongements dans la postcolonie[9], est, en général, construit de manière chronologique. Les personnages sont bien campés. Les descriptions, les dialogues, dans un décor décrit avec précision, jalonnent la progression dramatique du roman. Les points de vue d'époque s'entremêlent et se contredisent. Une anecdote commence à un moment donné, à travers une série de péripéties, et se noue à la fin du roman. Certains récits enchâssés sont intercalés entre les grands moments de l'intrigue principale, mais la chronologie demeure le trait permanent dans la narration des romans de Kourouma. Samory-Faidherbe, colonisation, première guerre mondiale, seconde guerre mondiale, Hitler, Pétain, de Gaulle, Roosevelt, Truman, Staline, Churchill, décolonisation, Éyadema, Mobutu, Bokassa et Houphouët-Boigny, autant de figures qui, pour le lecteur, évoquent les grands événements mondiaux qui ont affecté l'Afrique depuis un siècle et demi — événements historiques par rapport auxquels les principaux personnages (Fama, Djigui, Koyaga et Birahima) se déterminent.

Car, au fond, les quatre romans racontent la même trame historique : celle de la colonisation française du Mandingue, en Afrique de l'Ouest, de la décolonisation et de la postcolonie. *Les soleils des indépendances* évoque les péripéties d'un prince doumbouya, Fama, et son échec dû au monde nouveau dont il ne maîtrise pas les repères. *Monnè, outrages et défis* relate la défaite et la collaboration des rois africains, comme Djigui Keita, à l'entreprise coloniale. *En attendant le vote des bêtes sauvages* expose les péripéties de la période des dictatures africaines à leur sommet de gloire dans les années 1970. Et, finalement, *Allah n'est pas obligé* raconte les affres des guerres dites tribales des années 1990. Cependant, même si en grande partie la configuration de l'histoire de l'Afrique contemporaine est ainsi imitée par fragments dans les romans, elle est complètement intégrée à la logique du récit fictionnel. Elle y joue un rôle essentiel, non pas tant dans le projet de construire un savoir historique sur l'Afrique moderne, mais dans le procès esthétique du roman. Quel sens donner à ce conglomérat de témoignages? Comment dissiper le brouillard qui entoure chaque événement, chaque personnage?

---

9. Ce terme est utilisé ici dans le sens que lui donne Achille Mbembe (*De la postcolonie. Essai sur l'imagination politique en Afrique*, Paris, Karthala, 2000) pour signifier la situation sociopolitique de l'Afrique indépendante, situation faisant du continent la région où l'organisation du politique suit une logique différente de celle que l'on voit ailleurs. Selon l'auteur, outre le fait que dans la Postcolonie, l'État serait incapable d'organiser la société par le travail et la collecte des impôts, il gouvernerait par l'arbitraire. Ce qui pose la question éthique de la voie et des moyens de la sortie de la dictature par l'affranchissement de la servitude et l'éventualité de l'avènement d'un sujet africain autonome.

De la dissolution de la *doxa*

Sous l'épopée tragique d'un peuple livré à la colonisation, à la dictature et aux guerres contemporaines en Afrique, perce la satire des discours dogmatiques érigés en doxa sur la religion, l'indépendance ou l'histoire officielle. Dans chaque roman, le narrateur explique à toute occasion son scepticisme allant jusqu'à la raillerie et à la dérision des faits évoqués. Pourtant, son but n'est pas pour autant de mettre en doute la vérité de cette période et la réalité historique en général. Il ne cherche pas non plus à déceler le mensonge par rapport à la vérité de la colonisation et des indépendances africaines. Au contraire, il prend un très grand plaisir à alimenter son récit avec la richesse, la polysémie et l'anarchie du réel. Même là où il y a, en apparence, une étroite relation entre tel événement et tel personnage de l'histoire, le narrateur crée une situation de décalage entre fiction et événement historique, et rend ainsi au récit romanesque son opacité et son autonomie. La vérité historique relatée devient ambivalente comme la relation de la fin de la seconde guerre mondiale par l'interprète Soumaré au roi Djigui :

> Les quatre alliés s'en allèrent consulter le plus grand devin de l'univers qui leur dévoila les secrets de guerre du maître de Berlin, ses totems, ses faiblesses, et leur recommanda des ensorcellements qu'ils pratiquèrent, des sacrifices qu'ils égorgèrent.
>
> Après les libations et les sacrifices, de Gaulle descendit à l'extrémité des Négrities à Brazzaville [...]. Les sacrifices étaient exaucés, les ensorcellements réussis : comme l'avait prévu le devin, au moment de l'attaque, Hitler drogué dormait. (*M*, 209-210)

Au lieu de choquer, ce travestissement des faits historiques épouse la logique du roman. Puisque l'interprète arrange les faits selon le mode possible de leur appréhension par le roi Djigui, peut-on parler de truquage de la vérité ? Ici, la caricature opère la distorsion du récit historique et de son paradigme de la vérité, et permet au récit romanesque de se substituer à lui. Car, en opérant à partir des mêmes matériaux événementiels que le récit historique, la fiction romanesque donne un autre sens aux éléments de base. En faisant des figures de De Gaulle et des Alliés des adeptes des pratiques magiques africaines, la caricature romanesque ne nie pas leur historicité, elle leur donne une profondeur et une assise populaire par la liberté fabulatrice du narrateur. Autant l'historien fait des héros, autant le roman les transforme en simples individus peu sûrs d'eux-mêmes qui doivent leur victoire tant au hasard de la magie qu'à leurs propres prouesses. En quelque sorte, cette caricature montre la manière dont le roman dénoue une vérité historique et introduit à une connaissance sur les individus et sur l'histoire. La figure caricaturée d'un de Gaulle plus magicien que militaire instruit, dans cette Afrique *malinké*, un ordre de connaissances profondément religieux et superstitieux. Provenant du récit populaire, ce contre-discours s'affirme clairement comme une brisure ; d'où la réécriture de l'histoire de la conquête, de l'exploitation et des affrontements politiques. Se lit ici, en filigrane, non pas l'envie de choquer ou de se moquer, mais au contraire une nécessité de rester lucide face aux événements et à la bêtise humaine qui les sous-tend.

Dans le même roman, l'événement de la mobilisation des Africains pour les guerres entreprises par la France coloniale est repris ironiquement par le narrateur suivant le même principe de déstabilisation de la vérité historique et l'établissement de la mémoire populaire ou romanesque, c'est-à-dire ce qui se dit, s'écrit et se raconte en dehors de l'histoire officielle :

> Les Nègres, comme un seul homme, devaient se lever pour défendre la terre française, la civilisation, vaincre et annihiler définitivement l'hydre allemande. La France se souvenait encore, et les « Allamas » aussi, de la bravoure des gens de Soba. « C'est en témoignage de gratitude pour votre combat que les Blancs ont décidé de vous civiliser avant les autres races en apportant le train à votre pays. La construction du chemin de fer sera suspendue, les travailleurs et les emprisonnés pour manque de laissez-passer seront récupérés et gratifiés de chéchias, de gamelles, de couvre-pieds, de godasses et de fusils et embarqueront pour la France où ils seront nourris, logés, habillés gratuitement et payés deux fois plus qu'un travailleur forcé. Le ministre des Colonies et le gouverneur attendaient des Keita et surtout de Djigui qu'ils se mobilisent pour la civilisation. » (*M*, 107)

Si le narrateur se félicite de la loyauté, de la discipline aveugle, de l'aptitude au combat des Africains, c'est pour ruiner la crédibilité de ce discours et en faire un contre-discours. On loue son oppresseur pour en révéler davantage ses agissements déshumanisants. Ici la caricature, par son aspect sémantiquement paradoxal, énonce une vérité plus cruelle et plus désagréable à admettre : le discours colonial est une oppression et non un projet de civilisation. Il oppose l'égalité entre Français et Africains pour rétablir la réalité des faits : la hiérarchie raciale dans le régime colonial, régime basé sur les rapports dominants / dominés.

Par ailleurs, le narrateur de *En attendant le vote des bêtes sauvages* fait la caricature de l'épopée de la négritude sur la résistance des Africains durant l'invasion coloniale. Alors que le récit historique note la bravoure des Africains, le roman souligne la collaboration de ces derniers pour soumettre leurs congénères :

> Les colonisateurs sont contraints de se passer des affranchis.
>
> Ils recrutent des guerriers dans les tribus africaines locales et se lancent dans la subjugation de tous les recoins de leurs concessions avec des canons. Les conquêtes meurtrières avancent normalement jusqu'au jour où les Européens se trouvent dans les montagnes dorsales de l'Afrique face à de l'insolite, à de l'inattendu qui n'est pas consigné dans les traités des africanistes servant de bréviaires à l'explorateur.
>
> Ils se trouvent face aux hommes nus. Des hommes totalement nus. Sans organisation sociale. Sans chef. [...] Et, de plus, des sauvages qui sont de farouches archers. Il faut les subjuguer fortin par fortin. Les territoires sont vastes, montagneux et inhospitaliers. Tâche impossible, irréalisable avec de maigres colonnes. Les conquérants font appel aux ethnologues. Les ethnologues les nomment les hommes nus. Ils les appellent les paléonigritiques. (*E*, 11-12)

Ici, le narrateur parodie également le récit ethnographique sur lequel la conquête coloniale s'est basée pour soumettre les populations africaines, discours selon lequel, pour soumettre facilement les peuples à coloniser, on amène le roi à collaborer et ce dernier amène son peuple à l'assujettissement. Comment alors soumettre les tribus acéphales ? Une telle narration, qui tente de recoller tous les morceaux de l'histoire comme dans un puzzle ou une enquête imagée, ironise ainsi sur la primitivité des « paléonigritiques » décrits par ailleurs par des ethnologues comme les plus primitifs des « nègres ». Seulement, une simple dénomination ne résout pas le problème du politique visant à les soumettre.

Au contraire, la technique de recollage des morceaux du récit historique pratiquée par le narrateur illustre bien tout le travail de la création romanesque, travail basé essentiellement sur le détournement du sens par la dérision. Le narrateur de *Monnè, outrages et défis* relate le retour des anciens combattants de France avec un humour cocasse mettant à distance la fêlure coloniale dans la mémoire du continent pour bien en rire au lieu d'en pleurer :

> Ils parlèrent français (c'est plus tard que nous saurions que c'était là un charabia à eux, que les natifs de France n'entendaient pas). Leurs dires étaient hérissés d'éloges, de mensonges et de merveilles. Ils prétendaient avoir en deux ans oublié nos dialectes et nos manières sauvages telles que manger à la main, marcher nu-pieds, se soulager derrière le buisson, se torcher avec les feuilles et se moucher avec les doigts. Ils étaient devenus des étrangers, des non-Nègres. (*M*, 84)

Ici, le paradoxe comique vient du fait que les anciens combattants, par le simple fait qu'ils ont été en France, se comportent vis-à-vis de leurs compatriotes africains comme des colons.

La même démarche se trouve dans un autre épisode de *Monnè, outrages et défis* où le narrateur relate la liberté reconquise par les Africains après la longue période coloniale. Les espoirs placés dans les indépendances ayant déçu tant les Keita, les Doumbouya, ceux de Soba, ceux du Horodougou que toute l'Afrique, une satire grinçante superpose l'histoire et la fiction romanesque aux aspirations des Africains après l'indépendance :

> Aucune des libérations n'égalera plus dans notre histoire celle de la suppression des travaux forcés. C'est une libération que nous avons tout de suite vue et vécue et qui fut bien plus authentique que les nombreux coups d'État des partis uniques et les *pronunciamientos* qui viendraient plus tard et que nous serions obligés de danser et de chanter pour les faire exister. (M, 232-233)

Le narrateur continue en déconstruisant l'épopée de la négritude voulant que les communautés africaines précoloniales soient paradisiaques. Envisageant ces communautés du point de vue politique, le pastiche romanesque du discours de la négritude utilise la métaphore de nombreux essais montrant la vie dans la postcolonie comme une série de coucheries où les pratiques sont demeurées les mêmes, du colon au «père de la nation» :

> La Négritie et la vie continuèrent après ce monde, ces hommes. Nous attendaient le long de notre chemin : les indépendances politiques, le parti unique, l'homme charismatique, le père de la nation, les *pronunciamientos* dérisoires, la révolution ; puis les autres mythes : la lutte pour l'unité nationale, pour le développement, le socialisme, la paix, l'autosuffisance alimentaire et les indépendances économiques ; et aussi le combat contre la sécheresse et la famine, la guerre à la corruption, au tribalisme, au népotisme, à la délinquance, à l'exploitation de l'homme par l'homme, salmigondis de slogans qui à force d'être galvaudés nous ont rendus sceptiques, pelés, demi-sourds, demi-aveugles, aphones, bref plus nègres que nous ne l'étions avant et avec eux. (M, 278)

Il existe cependant quelques exemples de la conjonction du roman avec la réalité. Les liens du roman avec l'histoire s'avèrent, dans la pratique, d'une richesse quasi infinie. Peut-on encore suspecter le roman, avec ses nuances et ses détournements du sens littéral des mots et des événements, d'être la copie de la réalité ? Dans le cas des romans de

Kourouma, il est plus correct de parler de l'art du jeu avec la réalité. Les récits évoquent trois époques qui s'emboîtent dans l'univers des romans : l'empire de Samory, le Malinké, l'ère coloniale et les indépendances. Ainsi, dans *Les soleils des indépendances*, non seulement Fama, dernier prince de la dynastie des Doumbouya, mais aussi Diamourou et Balla, proches de Fama et symboles de la continuité historique du peuple malinké, rapportent les témoignages de cette époque à la fois révolue et présente dans la narration. Le narrateur précise qu'ils sont les seules figures du royaume du Horodougou à avoir passé les guerres samoriennes, le commandement des Toubabs et les indépendances. Ils demeurent, par conséquent, les « seuls témoins des grands jours des grands Doumbouya » (*S*, 112). Mais ces allusions aux faits historiques sont parfaitement intégrées à la narration romanesque. C'est que, ici comme dans d'autres romans, Kourouma ne cherche pas à inventer une histoire ni à démontrer quoi que ce soit, mais à montrer le monde sous un angle comique[10].

Ce paradoxe de faire croire vrai se résout par le fait que l'imitation du réel n'est pas sa répétition, mais l'introduction du simulacre entre le vrai et le faux. Les portraits de personnages extravagants donnent au narrateur l'occasion de mélanger le non-sérieux de la perspective humoristique et le tragique de l'histoire. Dans *Allah n'est pas obligé*, en usant du syllogisme, de la répétition et de l'analogie, la narration ironique met sur un même pied d'égalité Taylor, le chef de guerre du Libéria considéré comme le pire des dictateurs, et les autres figures politiques de la région comme Compaoré, Houphouët-Boigny et Kadhafi :

> Comparé à Taylor, Compaoré le dictateur du Burkina, Houphouët-Boigny le dictateur de la Côte d'Ivoire et Kadhafi le dictateur de la Libye sont des gens bien, des gens apparemment bien. Pourquoi apportent-ils des aides importantes à un fieffé menteur, à un fieffé voleur, à un bandit de grand chemin comme Taylor pour que Taylor devienne le chef d'un État ? Pourquoi ? Pourquoi ? De deux choses l'une : ou ils sont malhonnêtes comme Taylor, ou c'est ce qu'on appelle la grande politique dans l'Afrique des dictatures barbares et liberticides des pères des nations. (*A*, 68)

---

10. Sur la dimension du comique dans *Les soleils des indépendances* et *Monnè, outrages et défis* voir Josias Semujanga, « De la narration humoristique comme esthétique du roman chez Kourouma », *Comparaison*, n° 10, 1999, p. 127-138. Dans la présente étude, il s'agit d'étendre la réflexion à *En attendant le vote des bêtes sauvages* et *Allah n'est pas obligé*, dans une perspective autre : celle de confronter le discours de l'historien à celui du romancier.

Plus loin, par une comparaison dont l'humour noir renverse l'ordre des valeurs construit selon le schéma de l'opposition humain / animal, le narrateur déplace le côté tragique de la guerre :

> Tous les villages que nous avons eu à traverser étaient abandonnés, complètement abandonnés. C'est comme ça dans les guerres tribales : les gens abandonnent les villages où vivent les hommes pour se réfugier dans la forêt où vivent les bêtes sauvages. Les bêtes sauvages, ça vit mieux que les hommes. A faforo ! (*A*, 93)

Ici, la description de la guerre du Libéria et de la Sierra Leone — et dont la puissance de vérité est indéniable — est constamment sapée par la distanciation parodique et le sourire qui l'accompagne pour éloigner le pathos suggéré par une telle cruauté actuelle sur les guerres en Afrique de l'Ouest.

Ce n'est donc pas tant les peines de Fama, les malheurs de Djigui, l'extravagance de Koyaga ou le cynisme de Birahima qui font des romans de Kourouma des œuvres remarquables. Même un romancier moyen peut entretenir l'illusion référentielle ou le rêve et tenir le lecteur en haleine. C'est plutôt l'écart parodique qui fait de ces romans des chefs-d'œuvre de construction narrative. À ce sujet, il y a chez Kourouma une esthétique du comique et une éthique de l'écriture. Ce ton piquant vient en opposition avec la vérité historique racontée par le narrateur ; et il crée une communication au second degré sur la réalité. En traversant tous les romans de Kourouma, le principe de la parodie se manifeste comme détournement, comme reconfiguration de l'expression directe des événements. En cela, l'art de Kourouma, et du roman en général, s'oppose à une certaine critique qui tend le plus souvent à tout prendre au pied de la lettre dans une œuvre romanesque. Acquis en quelque sorte au détriment de la valeur assertive du discours, l'humour de Kourouma installe un lieu de convivialité avec le lecteur.

La fiction vise à raconter des épisodes anecdotiques pour relativiser la raison et rendre les vérités de Fama, Djigui, Koyaga et Birahima moins vraies, plus amusantes et moins sérieuses. Car la vérité historique, qui est constamment convoquée par le narrateur, n'est plus subie par le lecteur. Au lieu d'être une contrainte pour l'esprit, les événements historiques, mis à distance par le comique issu de la parodie, deviennent un processus de création esthétique et un style de vie empreint d'élégance intellectuelle provenant de ce regard amusé sur le tragique et le sérieux des hommes et des événements.

Dans *Les soleils des indépendances*, le narrateur fait le portrait de la vie des Doumbouya depuis l'arrivée des Français sur la terre de son Horodougou natal. Fama Doumbouya est le dernier de la dynastie. Son projet est simple et précis. Il lutte avec acharnement contre la colonisation française, les indépendances et le parti unique. Il espère vaincre tous les usurpateurs pour restaurer la grandeur passée du royaume du Horodougou. Le héros a des atouts majeurs que lui confère son statut social. Autoritaire, fier et sensible à l'honneur, il veut que ses protagonistes le reconnaissent comme prince. Mais ces qualités ne correspondent plus à la réalité. Il n'a plus de pouvoir. Et ses ennemis ne ratent pas une occasion de le lui rappeler. Il le sait d'ailleurs lui-même parce qu'il vivote comme un « charognard », un « vautour » travaillant « dans les obsèques et les entrailles » (*S*, 11). Ce contraste entre son rêve de prince déchu et la réalité vécue est d'un comique saisissant ; et que le narrateur commente avec justesse en prenant à témoin le lecteur : « Que voulez-vous ; un prince presque mendiant, c'est grotesque sous tous les soleils » (*S*, 13). Si, comme le dit Pius Nkashama, Fama est magnifié et glorifié avec son cortège de prince, il « ne se relie pas au temps et à l'histoire. La rupture est totale. C'est pourquoi, son itinéraire ne pouvait marquer que la fin des mythes[11] ». Le mythe est évacué du monde. Le roman s'installe.

Dans *Monnè, outrages et défis* Djigui Keita, de la dynastie des Keita, hérite d'une « œuvre achevée » (*M*, 15) lorsqu'il est intronisé comme roi de Soba. Le plus beau, le plus intelligent, le plus fort Djigui se livre alors à une vie frivole et sans souci. Il s'entoure de griots qui l'adulent, au milieu de nombreuses femmes et de nombreux enfants, de sicaires (tueurs à gages), de sbires (hommes de main) et de séides (hommes dévoués et fanatiques). Djigui savoure les délices du pouvoir. Mais c'était sans compter avec les caprices du destin. Les troupes du Général Fadarba ont envahi l'empire du Mandingue. Samory, l'empereur, ordonne à son vassal, Djigui, de détruire la capitale du royaume de Soba. Djigui refuse d'obtempérer aux ordres de son empereur. Il érige une forte muraille pour la protection de la cour royale. Pendant qu'il s'épuise en sacrifices, les autres royaumes de l'empire tombent un à un. Finalement Soba est lui aussi pris sans coup férir. Le roi se résigne à la collaboration avec le pouvoir colonial. Déçu par l'administration colo-

---

11. Pius Ngandu Nkashama, *Kourouma et le mythe. Une lecture de* Les soleils des indé-pendances, Paris, Silex, 1985, p. 193.

niale qu'il a fidèlement servie, car elle ne lui a pas donné le train qu'elle lui avait promis, Djigui se rebelle contre l'autorité française. Il est alors déposé au profit de son fils Bema, plus obéissant. Même si son histoire est intimement liée à la colonisation, Djigui n'a pas connu les luttes pour la décolonisation et les déboires de l'indépendance. Mais, comme Fama, il est déçu par une administration qu'il a contribué à mettre en place. Grand féticheur et fervent musulman, méchant et charitable, aimé et haï, Djigui Keita demeure un personnage ambigu à l'image du destin de son royaume. Cette organisation ambiguë du récit s'accompagne d'un sentiment comique rendu par l'humour des situations et la structure répétitive de l'expression :

> Il n'avait pas seulement trop vécu, mais aussi trop connu, parlé, s'était trop marié, avait trop procréé, trop dispensé l'aumône, trop tué de sacrifices, guéri trop de désespérés. Il avait été l'ami de Samory et nous nous rappelâmes que lorsque la défaite de celui-ci avait paru inéluctable, le Centenaire l'avait trahi en accueillant les Blancs nazaréens à Soba. [...] Mais nous promîmes de témoigner qu'il avait renoncé au train, avait combattu la colonisation et, suprême refus, qu'il était mort avec un non samorien entre les dents. (M, 274-275)

Le même ton parodique de l'épopée de la résistance africaine continue dans l'épisode racontant l'humiliation de Djigui par le capitaine français. Celui-ci ordonne au centenaire de respecter les couleurs du drapeau français et précise qu'il ne lui est plus « permis de les ignorer » (M, 53). Au moment où Djigui bondit pour refuser, l'interprète Moussa Soumaré qui, pour avoir été tirailleur, connaît mieux que tout autre la puissance de l'envahisseur, interrompt le roi et dit : « Quand un Toubab s'exprime, nous, Nègres, on se tait, se décoiffe, se déchausse et écoute. Cela doit être su comme les sourates de prière, bien connu comme les perles de fesses de la préférée » (M, 54).

Seul à pouvoir mesurer avec exactitude les forces en présence entre le commandant et Djigui, Soumaré n'hésite pas à travestir la pensée de l'un et de l'autre pour maintenir leur coexistence pacifique. Bouffon et parfois saugrenu, l'interprète joue le rôle de modérateur pour rendre la communication possible. Paradoxalement, un travestissement de la vérité permet le dialogue entre les protagonistes. Soumaré fait croire à Djigui qu'il est l'homme le plus chanceux du monde, que ses prières ont été exaucées et que ses sacrifices ont été acceptés. La tragi-comédie vient du fait que, par le serment d'allégeance qu'il vient de signer, Djigui est devenu plutôt l'instrument du pouvoir colonial. Devant une telle scène, que peut penser le lecteur de Soumaré[12]? Qu'il est sarcastique, cynique ou sadique? Ou, tout simplement, il esquisse un sourire en se disant que, après tout, le roman n'a d'autre morale que celle de faire rire des travers de la vie et des grands de ce monde, surtout quand ceux-ci se prennent trop au sérieux.

Rien ne confirme mieux, par ailleurs, le sentiment comique de ce roman que la flèche ironique lancée par le narrateur contre le commandant français. Celui-ci accuse Djigui d'être la cause de la défaite française lors de la seconde guerre mondiale :

> C'est votre faute, Djigui. Si le jour de déclaration de guerre, vous étiez monté dans les montagnes, aviez parcouru les pistes, visité les villages et hâté la mobilisation, il y aurait eu assez de tirailleurs et les Allemands n'auraient pas vaincu, ils ne se seraient pas approprié Marseille et Paris. (*M*, 110)

Dans *Les soleils des indépendances*, Fama Doumbouya apparaît comme une caricature du héros épique[13]. Il est un Malinké descendant de la dynastie des Doumbouya, «né dans l'or, le manger, l'honneur et les femmes! Éduqué pour préférer l'or à l'or, pour choisir le manger parmi d'autres, et coucher sa favorite parmi cent épouses!» (*S*, 12). Le destin de Fama trouve son origine dans la fatalité historique. Son ancêtre Bakary a commis une faute. Incapable d'expliquer les paroles énigmatiques de la Voix, Bakary accepta le compromis de la Voix. C'est dans ce mythe de la fondation de la dynastie qu'il faut retrouver le destin de Fama. À la mort de son père auquel il devait succéder comme roi du Horodougou, «il buta sur intrigues, déshonneurs, maraboutages et mensonges» (*S*, 23).

---

12. Pour l'importance de l'interprète dans la configuration générale de *Monnè, outrages et défis*, voir Kenneth Harrow : « *Monnè, outrages et défis*. Translating, Interpreting, Truth and Lies — Traveling Along the Möbius Strip », *Research in African Literature*, vol. 22, n° 2, 1991, p. 225-230.

13. Amadou Koné, dans *Des textes oraux au roman moderne. Étude sur les avatars de la tradition orale dans le roman ouest-africain* (Frankfurt, IKO Verlag, 1993), fait un parallèle entre Fama et les héros de la tradition orale, car, selon l'auteur ce « rapprochement entre Fama et le héros du récit traditionnel peut permettre de mieux comprendre le personnage romanesque et sa logique, sa caractérisation » (p. 135). Il continue en disant que « Fama correspond presque point par point au personnage héroïque traditionnel [et que] s'il échoue dans sa lutte, c'est que le contexte a changé. [Et] que Fama ignore qu'il mène une lutte "dégradée" dans une société dégradée, comme dirait Lukács. […] Tout cela fait de lui un véritable personnage romanesque » (*ibid.*). C'est dans cette ambiguïté du personnage, prince et mendiant, que se trouve dans une certaine mesure la caractéristique essentielle du roman.

Se croyant détenteur du pouvoir que confère son statut de prince, il avait manqué de respect à «un petit garnement européen d'administrateur, toujours en courte culotte sale, remuant et impoli comme la barbiche d'un bouc» (S, 23). Cet administrateur qui, à l'époque, commandait le Horodougou, choisit «un cousin lointain [de Fama] qui [...] intrigua, mentit et se rabaissa» (S, 23). Même si Fama a combattu la colonisation, «comme la feuille avec laquelle on a fini de se torcher, les Indépendances une fois acquises, [il] fut oublié et jeté aux mouches» (S, 24). Il en vient même à regretter l'époque coloniale qu'il a pourtant combattue: «Fama bouillait de remords pour avoir tant combattu et détesté les Français un peu comme la petite herbe qui a grogné parce que le fromager absorbait tout le soleil; le fromager abattu, elle a reçu tout le soleil mais aussi le grand vent qui l'a cassée» (S, 22).

Fama se retrouve dans un univers dont les valeurs sont contraires à son idéal; d'où son échec. Sa quête de l'honneur est contrariée par une société qui promeut d'autres valeurs comme l'arrivisme social et la richesse[14]. Fama Doumbouya est devenu mendiant dans un royaume que se partagent la République Populaire du Nikinai et la République des Ébènes. Lorsqu'un garde l'empêche de franchir la frontière de la République Populaire du Nikinai, Fama explose. Car il se croit encore prince: «Un bâtard, un vrai, un déhonté de rejeton de la forêt et d'une maman qui n'a sûrement connu ni la moindre bande de tissu, ni la dignité du mariage, osa, debout sur ses testicules, sortir de sa bouche que Fama étranger ne pouvait pas traverser sans carte d'identité!» (S, 101). En défendant son honneur alors que, en réalité, il n'en a plus les moyens, il devient ridicule et l'anachronisme de sa perception de l'univers dans lequel il vit le rend véritablement un héros romanesque. Sa lutte devient grotesque, car il utilise des moyens dérisoires face aux problèmes complexes de la vie.

En voulant se venger contre l'administration française Fama abandonna tout ce qu'il possédait et «us[a] les nuits, les jours, l'argent et la colère à injurier la France, le père, la mère de la France. Il avait à venger cinquante ans de domination et une spoliation» (S, 24). Il fera de même

---

14. Harris Memel-Fote montre que, dans *Les soleils des indépendances*, le déshonneur est lié au principe narratif de la parodie qui affecte le personnage principal Fama («La Bâtardise» dans Joseph Mlanhoro [dir.], *Essais sur Les soleils des indépendances*, Abidjan, Les Nouvelles Éditions Africaines, 1977, p. 53). Fama se considère comme prince dans un royaume qui n'existe plus. Et voulant avoir droit aux honneurs dus à son rang, il est partout humilié et moqué par ses voisins. Voir également Amadou Koné, *op. cit.*, p. 145-146.

après l'indépendance de son pays. Il passera tout le temps à injurier les indépendances et le parti unique. Et il est accusé de comploter contre le pouvoir. Relaxé, il lance un défi aux douniers en s'engageant sans autorisation sur le pont qui sépare la République du Nikinai et la République des Ébènes. Il se jette dans la rivière sous le pont. Il est déchiqueté par un caïman sacré. Il ne réussit pas à rétablir l'ordre ancien perturbé par la colonisation et les indépendances.

Dans *Allah n'est pas obligé*, le narrateur parodie le discours ethnologique qui a longtemps fait autorité en Afrique. Censé révéler la vérité anthropologique aux Occidentaux en mal de connaissance du reste du monde, le narrateur en détourne le sens en en faisant un motif de justification des massacres. Comme la guerre, le récit ethnographique impose l'altérité et nie l'humanité de l'autre. Il est plus motif de la violence qu'objet de la révélation de l'humanité de l'autre par la connaissance qu'il prétend construire :

> Le village des natives, des indigènes, de Zorzor s'étendait à un kilomètre du camp retranché. Il comprenait des maisons et des cases en torchis. Les habitants étaient des Yacous et des Gyos. Les Yacous et les Gyos, c'étaient les noms des nègres noirs africains indigènes de la région du pays. Les Yacous et les Gyos étaient les ennemis héréditaires des Guérés et des Krahns. Guéré et Krahn sont les noms d'autres nègres noirs africains indigènes d'une autre région du foutu Liberia. Quand un Krahn ou un Guéré arrivait à Zorzor, on le torturait avant de le tuer parce que c'est la loi des guerres tribales qui veut ça. Dans les guerres tribales, on ne veut pas les hommes d'une autre tribu différente de notre tribu. (*A*, 73)

Par ailleurs, en insistant sur la gratuité de la violence chez l'enfant-soldat, le narrateur déconstruit le mythe rousseauiste de l'enfant *naturellement bon* que véhicule la *doxa* humanitaire sur ce que l'on appelle en Occident le Tiers Monde. L'enfant valorise la violence qu'il subit et fait subir aux autres comme le suggère la symbolique des sobriquets que se donnent Birahima et ses compagnons : Sosso La panthère, Tête brûlée et Siponni La vipère, etc. Devant une telle représentation de l'enfant victime et bourreau, le lecteur est confronté à la question du suspens moral. Sinon, il ne peut pas goûter le charme de ce texte. Doit-on condamner le jeune Birahima et ses compagnons pour leur sadisme ? Doit-on voir de la cruauté dans ce qu'ils subissent et font subir autour d'eux ? Quelle que soit la voie choisie, le lecteur se heurte à une question fondamentale : comment peut-on rire des situations tragiques ? Peut-on imaginer une situation où la victime peut être aussi bourreau contrairement au schéma dualiste de la *doxa* ?

Cet effet romanesque, qui se produit souvent par la distanciation parodique des événements racontés, se construit également à partir du récit initiatique des chasseurs dans le monde *malinké*. Dans une société normale, l'initiation vise l'amélioration de l'individu qui, apprenant rites et pratiques, saura comment se conduire selon les règles morales de son milieu social. La situation s'inverse dans *En attendant le vote des bêtes sauvages* car Koyaga apprendra auprès des dictateurs aînés comment nuire efficacement à la société et asseoir une dictature plus adaptée à son peuple. C'est dans un monde où les valeurs sont renversées que le narrateur entame le récit de l'initiation des chasseurs :

> La politique est comme la chasse, on entre en politique comme on entre dans l'association des chasseurs. La grande brousse où opère le chasseur est vaste, inhumaine et impitoyable comme l'espace, le monde politique. Le chasseur novice avant de fréquenter la brousse va à l'école des maîtres chasseurs pour les écouter, les admirer et se faire initier. Vous ne devez, Koyaga, poser aucun acte de chef d'État sans un voyage initiatique, sans vous enquérir de l'art de la périlleuse science de la dictature auprès des maîtres de l'autocratie. Il vous faut au préalable voyager. Rencontrer et écouter les maîtres de l'absolutisme et du parti unique, les plus prestigieux des chefs d'État des quatre points cardinaux de l'Afrique liberticide. (*E*, 183)

Dans ce récit métaphorique, où la narration prend une allure incantatoire et allégorique, le narrateur superpose le monde politique et celui de la chasse. Il identifie la brousse du chasseur à l'espace politique. Comme dans le récit des chasseurs, le narrateur met en relief le couple « maître-chasseur » / « chasseur novice » qui induit le complexe « grand initié » / « initié » dans le parcours politique de Koyaga. Celui-ci est entré dans la dictature comme au bois sacré, c'est-à-dire dans le cercle des initiés. Il a, avant sa prise de pouvoir, effectué un voyage initiatique chez les quatre plus grands dictateurs de l'Afrique que sont Tiékoroni, l'homme au totem léopard, Bossouma et l'homme au totem chacal.

Il en est de même de l'épisode de l'assassinat de Fricassa dans le même roman. Cet épisode enchâssé est fortement calqué sur la disparition de Soumangourou Kanté, roi du Mandingue, selon la mythologie *malinké* à laquelle le roman emprunte la matière de son récit. Le roman se donne la liberté de bouleverser un peu l'ordre et le sens des événements du récit mythique qui ne présente pas la mort de Soumangourou Kanté. Celui-ci s'envole définitivement sous la forme d'un tourbillon. Le roman évoque certes le tourbillon comme objet magique permettant

à Fricassa de se déplacer mystérieusement et tenter d'échapper — en
vain — à ses poursuivants :

> Mystérieusement et brusquement un tourbillon de vent se déclenche, naît
> au milieu du jardin de la Résidence. Le tourbillon soulève feuilles et pous-
> sière, parcourt le jardin de la Résidence d'ouest en est et poursuit sa folle
> course dans la cour voisine, dans l'enceinte de l'ambassade des USA.
> Koyaga comprend tout de suite que le grand initié Fricassa Santos s'est
> transformé en vent pour se réfugier dans l'ambassade. Du balcon du pre-
> mier étage Koyaga suit le mouvement du tourbillon qui, brusquement,
> auprès d'une vieille voiture garée dans le jardin, s'évanouit, se dissipe. Le
> grand initié Fricassa Santos sort du vent et se découvre, déguisé en jardi-
> nier. (*E*, 99)

L'épisode romanesque de la mort de Fricassa Santos évoque le récit
mythique du combat entre les deux figures emblématiques de l'Afrique
de l'Ouest : Soumangourou et Soundjata, avec une notable inversion du
sens par la parodie. Dans le mythe, une fois atteint par la flèche de son
ennemi Soundjata, Soumangourou disparaît ; dans le roman, Fricassa,
une fois atteint par la flèche de Koyaga, meurt. Ni Koyaga ni Fricassa
ne sont des héros mythiques. Leur action est une parodie du héros
mythique : Koyaga comme l'initié chasseur dictateur et Fricassa comme
un vulgaire roi qui tente d'échapper à ses tueurs. Ils n'ont rien de
majestueux comme les figures mythiques évoquées par Soumangourou
et Soundjata. Ce processus d'adaptation du mythe au roman fait de *En
attendant le vote des bêtes sauvages* un roman transgénérique usant des
formes variées de récits qu'il incorpore à la fiction. Car, sur le plan
narratif, les différentes formes du comique rendent possible une grande
distanciation entre les événements racontés et le narrateur et assurent
également à ce dernier un contact permanent avec le lecteur.

Conclusion

Comme beaucoup d'écrivains africains, Kourouma a montré dès *Les
soleils des indépendances*, son premier roman, une curiosité pour l'histoire. Il a aussi révélé un intérêt pour les constructions verbales et
narratives les plus originales à l'époque. Et s'il a observé avec précision
les transformations socioculturelles introduites par le phénomène de
la colonisation, il les a décrites avec la liberté d'un peintre faisant se
côtoyer différentes figures de distanciation. Le narrateur intervient
souverainement dans le récit, interpelle le lecteur et commente sur le

mode ironique des histoires qu'il raconte sur les événements survenus en Afrique depuis sa rencontre avec l'Occident. Et les narrateurs des quatre romans entraînent le lecteur dans le théâtre de la vie drôle et tragique. Les héros en font autant. Fama, Djigui, Koyaga et Birahima illustrent d'un côté la comédie de la vérité historique qu'ils ont vécue, et de l'autre, la vérité de la comédie qu'ils jouent avec le destin. L'art de Kourouma, comme celui d'autres romanciers par ailleurs, réside dans ce jeu parodique qui ouvre, au sein du sérieux des sujets traités, les parenthèses du comique par le rire souverain du narrateur et le grotesque des héros historiques devenus de simples personnages romanesques.

Fama, Djigui, Koyaga et Birahima pourraient bien s'ajouter à la liste déjà longue des personnages rêveurs de l'histoire littéraire dans la mesure où leur dessein, comme le narrateur le dit, n'est pas tant la volonté de changer leur milieu que l'obstination de vivre le rêve de l'enfance : la vie de prince héritier et de roi pour Fama et Djigui, la vie de dictateur devenu le jouet de ses propres démons pour Koyaga et celle de Birahima, l'enfant-soldat à la fois victime et bourreau.

Se crée alors un monde où le souci de l'homme est moins d'humaniser l'univers que de regarder avec sourire le spectacle tragique qui en découle, ce qui déplace sensiblement leur quête au-delà de la lutte contre la colonisation, l'indépendance, le parti unique et les guerres dites tribales en Afrique. Un tel regard railleur est ainsi tempéré par le fait qu'aucun des personnages incriminés n'est simplement ridicule. Fama, Djigui, Koyaga et Birahima gardent, au comble de la dérision, quelque chose de touchant qui les rend sympathiques aux yeux du lecteur. C'est moins un travers social qui est visé que l'esprit du temps (la colonie et la postcolonie) dont tout le monde est, à la fois, victime et responsable.

Au-delà de l'organisation romanesque générale, il est d'ailleurs possible de constater que la présence des événements historiques soustend la macrostructure des romans. Les romans de Kourouma citent des événements historiques, les décrivent, fondent leur récit sur l'écriture de l'histoire immédiate de l'Afrique, s'inspirent d'un modèle historique pour fonder leur structure propre. En même temps, les éléments historiques qui tissent la trame romanesque ne sont eux-mêmes que des fragments, mentions, citations, traductions, commentaires qui entretiennent par rapport à l'histoire la même relation que la littérature face au réel : ils ne peuvent que produire des bribes, des esquisses, des impressions et des parodies du monde et de ses discours. Et, par la projection de faits historiques dans le roman au moyen de la narration, le romancier opère une projection métaphorique au niveau du sens. Dans cette double projection, l'histoire représente à la fois le réel et sa mise à distance par la parodie et donne par ce fait même sens au roman en tant que genre. À cet égard, Kourouma a créé un récit autonome caractérisé par sa nature littéraire qui est d'exister sur le mode de la fiction en jouant l'effet-miroir sur les effets du langage pour se séparer de la réalité empirique où il a pris son origine.

En rendant ambivalente la vision officielle de l'histoire, dont il présente une autre variante, le comique est ainsi un moyen de créer un espace de gaieté et de joie au sein du tragique et de l'absurde que déploie ce roman. Drapées dans la trame romanesque, ces vérités historiques se montrent plus accessibles, plus relatives et plus attrayantes au lecteur. La multiplicité des regards et des techniques, les contradictions, les répétitions, les échos qui modifient la relation à l'histoire permettent à Kourouma d'avoir prise sur les événements tragiques qui secouent l'Afrique contemporaine.

La fiction romanesque, en refaisant l'histoire dans l'espace du texte y crée des actions potentiellement envisageables dans le domaine du vraisemblable. Ici le charme du roman historique est qu'il fait surgir la fiction à partir des éléments du passé. De ce détour des discours hégémoniques dont se nourrit la *doxa*, se construit la dimension esthétique des romans de Kourouma. Et là se trouve également la quête de l'écriture personnelle, quête qui se caractérise le plus souvent, dans les œuvres majeures de la littérature universelle, par la traversée des discours sur le monde. C'est par cette quête que l'écriture romanesque renoue avec l'histoire, le mythe et la littérature.

Mémoire et violence chez Ahmadou Kourouma

ALEXIE TCHEUYAP

Dans son ouvrage *Réflexions sur la Guerre, le Mal et la fin de l'Histoire*, Bernard-Henri Lévy analyse l'émergence de la violence dans des pays du Tiers Monde où sévissent des guerres «oubliées» aux ravages incalculables. Il est scandalisé parce que, dans ces pays sinistrés, les guerres n'ont pas de sens, à la différence des guerres dites «justes» ou «injustes», lesquelles étaient liées aux conquêtes, aux résistances diverses ou à la construction de certains États-nations. Son indignation ne réside pas dans le fait même de la mort : c'est qu'elle survient «pour rien», et surtout dans le contexte qu'il qualifie de guerres «sans mémoire». Parlant du Burundi, il soutient :

> Les protagonistes des guerres, d'habitude, capitalisent sur leurs victoires et même sur leurs défaites. De cette capitalisation, glorieuse ou douloureuse [...] ils tirent une part de l'énergie qui leur est nécessaire pour continuer de se battre. Et ce double procès [...] suppose un travail d'inscription dans le temps, d'indexation sur une durée commune, de commémoration, monumentalisation, documentation — il suppose rien de moins que l'écriture d'une Histoire et la constitution d'une tradition [...] Or, ici, rien de tel. Pas d'archives, pas de monuments du souvenir. Pas de stèles. À peine une presse[1].

Cette réflexion de Bernard-Henri Lévy tient d'au moins trois facteurs. Il y a, d'abord, cette «boulimie commémorative d'époque[2]» dont

---

1. Bernard-Henri Lévy, *Réflexions sur la Guerre, le Mal et la fin de l'Histoire*, Paris, Grasset, 2001, p. 262.
2. Pierre Nora, «L'ère de la commémoration», *Les Lieux de mémoire*, t. III : *Les France*, Paris, Gallimard, 1992, p. 977.

parle Pierre Nora dans son étude des lieux de mémoire en France. L'opération mémorielle, ici, consiste essentiellement à repérer et surtout sélectionner les sites, traces, documents et lieux permettant de célébrer les faits historiques français. L'affinité est évidente, chez Pierre Nora, entre les lieux inventoriés et les exploits successifs de la France, ce qui débouche sur une sorte de chauvinisme discret. Ensuite, on ne peut éluder une certaine tradition historiographique (Bernard-Henri Lévy et Pierre Nora en seraient des tenants), souvent commune en Europe, qui hésite, hégémonie culturelle oblige, à valider d'autres sources, repères et traces pouvant permettre de constituer tout aussi efficacement une mémoire historique collective. La tradition orale africaine en est un exemple intéressant. Enfin, la commémoration est perçue dans une dimension toujours collective. Autrement dit, c'est par le groupe social ou national qu'on construit la mémoire. Lorsqu'il est convoqué, l'individu n'est que le délégué du groupe auquel il appartient. La mémoire du sujet n'est qu'une lointaine métonymie de la mémoire sociale / nationale que l'institution se charge de légitimer, ce qui, du coup, enlève toute identité et même toute existence au porteur (des marques) de cette mémoire. C'est pourquoi, par exemple, les amputés de guerre et autres soldats que les gouvernements exhibent annuellement sont moins reconnus pour les profondes blessures qu'ils portent que pour leur participation à un événement inscrit dans l'histoire collective. En approfondissant davantage les perceptions de Bernard-Henri Lévy et celles de Pierre Nora, on se rend compte qu'elles tiennent d'une perception un peu réductrice, trop idéologique de la trace ou du lieu de mémoire. Selon Paul Ricœur pourtant :

> C'est [...] dans le phénomène de la trace que culmine le caractère *imaginaire* des connecteurs qui marquent l'instauration du temps historique. Cette médiation imaginaire est présupposée par la structure mixte de la trace elle-même en tant qu'*effet signe*. [...] Ce sont précisément les activités de préservation, de sélection, de rassemblement, de consultation, de lecture enfin des archives et des documents, qui médiatisent et schématisent, si l'on peut dire, la trace, pour en faire l'ultime présupposition de la réinscription du temps vécu (le temps avec le présent) dans le temps successif (le temps sans présent)[3].

Même si la perception de Paul Ricœur reste «conventionnelle», elle ouvre significativement le concept de trace, en en faisant un *signe*

---

3. Paul Ricœur, *Temps et récit III. Le temps raconté*, Paris, Seuil, 1985, p. 334-335.

ramenant le passé au présent. Dès lors, on pourrait, en capitalisant sur l'existence des traces ou des marques, définir plus tard avec lui les lieux de mémoire comme « des inscriptions, au sens large donné à ce terme dans nos méditations sur l'écriture et l'espace[4] ». Et dans ces perspectives justement, ce qui échappe à Paul Ricœur et à Bernard-Henri Lévy et qui s'explique par leurs présupposés méthodologiques ou idéologiques, c'est que cette inscription dans le temps ne se fait pas nécessairement par l'écriture, la peinture ou un récit conventionnel. Si la mémoire n'est pas conservée par un témoignage (généralement écrit) ou n'est séquestrée dans aucune archive, on ne peut pas conclure que celle-ci, les traces et les marques qui permettent de constituer cette mémoire collective, n'existent pas. Elles sont repérables dans d'autres sites mémoriels non conventionnels comme le corps, l'espace ou le langage. Les textes d'Ahmadou Kourouma en constituent justement un excellent exemple, particulièrement en ce qui a trait à la violence.

En effet, les productions littéraires de Kourouma peuvent être définies comme relevant d'une esthétique de la violence. Dans tous ses textes, principalement les deux derniers romans, l'écrivain ivoirien s'emploie à figurer les désastres culturels et politiques de l'Afrique contemporaine. Qu'il s'agisse de l'excision traumatique de Salimata dans *Les soleils des indépendances*, de la violence des conquêtes coloniales dans le même roman comme dans *Monnè, outrage et défis*, des dictatures ubuesques dans *En attendant le vote des bêtes sauvages*, Kourouma semble véritablement faire de la violence une catégorie esthétique. Mais la véritable architecture de la violence (ou d'une violence épique et démentielle) est certainement celle de ses deux derniers récits, *Allah n'est pas obligé* et *Quand on refuse on dit non*, textes qui parlent des atrocités de la guerre civile au Libéria, en Sierra Leone et en Côte d'Ivoire. Que ses romans figurent des faits de violence est déjà suffisant pour soutenir qu'ils peuvent en porter la mémoire, car celle-ci s'inscrit d'abord dans le procès narratif à cause de la charge des mots. Mais il se trouve que certains textes de Kourouma convoquent des tragédies de l'histoire africaine immédiate, ainsi que tous ses acteurs et ses espaces ayant donné lieu à son étalement épique. Autrement dit, Kourouma se sert de la fiction pour convoquer l'Histoire, mais surtout pour la contester ou l'élucider. Dès lors, le récit se comporte comme un véritable

---

4. Paul Ricœur, *La mémoire, l'histoire, l'oubli*, Paris, Seuil, coll. « L'ordre philosophique », 2000, p. 527.

«piège», pour reprendre le titre de Louis Marin[5], car la construction des faits et de l'intrigue aspire à concurrencer la réalité ou même à la remplacer. Et, si l'on soutient avec Paul Ricœur, que «l'histoire *imite* dans son écriture les types de mise en intrigue reçus de la tradition littéraire [...]. Le même ouvrage peut être ainsi un grand livre d'histoire et un admirable roman[6]», on se rend compte que la mémoire, et même les mémoires, se bousculent dans les œuvres d'Ahmadou Kourouma.

Nous nous consacrerons essentiellement aux inscriptions de la mémoire de la violence dans les textes narratifs du romancier ivoirien. Nous explorerons, essentiellement dans une perspective spatiale, des lieux non conventionnels, «insolites» de la mémoire culturelle et politique, des lieux qui sont en général constitués par d'anonymes sujets sociaux pourtant porteurs des marques d'une tragique histoire collective. Le corps en est un exemple significatif.

Corps-mémoire, mémoire-corps de la violence

L'enchantement qui a suivi la publication des *Lieux de mémoire,* la trilogie de Pierre Nora[7], cache en réalité un peu mal «sa tendance à réduire le lieu de mémoire au site topographique et à livrer le culte de mémoire aux abus de la commémoration[8]», une mémoire dont les nombreux trous permettent d'«oublier» soigneusement des aspects douloureux de l'histoire contemporaine de la France comme le soulignent Réda Bensmaïa et Emily Apter[9]. En s'éloignant un peu d'une perception si étroite de la mémoire ou de l'histoire, et surtout en approchant les romans d'Ahmadou Kourouma dans leurs discours sur le corps et l'espace, on se rend compte qu'il est impératif de déplacer ou de diversifier les lieux de la mémoire. Ceux-ci, dès lors permettent, à travers l'histoire culturelle et politique des sujets, de déterminer une herméneutique et une économie politique de la douleur dont l'excision est une manifestation.

---

5. Louis Marin, *Le récit est un piège,* Paris, Minuit, 1978.

6. Paul Ricœur, *Temps et récit III. Le temps raconté, op. cit.,* p. 337.

7. Pierre Nora, *Les lieux de mémoire,* Paris, Gallimard, 3 vol., t. I : *La République,* t. II : *La Nation,* t. III : *Les France,* 1984-1992.

8. Paul Ricœur, *La mémoire, l'histoire, l'oubli, op. cit.,* p. 528.

9. Réda Bensmaïa, «Alger est-il un "lieu de mémoire" ?» (à propos de *Salut Cousin* de Merzak Allouache), *The French Review,* vol. XLI, n° 3, automne 2001, p. 114-124 ; Emily Apter, *Continental Drift : From National Characters to Virtual Subjects,* Chicago, The University of Chicago Press, 1999.

Le corps est chez Kourouma avant tout une «surface d'inscription des évènements, lieu de dissociation du Moi, volume en perpétuel effritement[10]», et les rituels d'excision qu'il subit sont, dans ses romans, des processus qui facilitent la socialisation du sujet en lui permettant de préserver l'honneur de sa famille. Lorsqu'une vieille femme, dans *Les soleils des indépendances*, dit: «Ma fille, sois courageuse! Le courage dans le champ de l'excision sera la fierté de la maman et de la tribu» (*S*, 35), c'est parce que «la marque sur le corps désigne à la fois celui qu'il faut exclure et celui qu'il faut sauvegarder[11]». Malgré sa forte résistance, Salimata finit par subir l'affreuse ablation de son organe:

> Elle revoyait chaque fille à tour de rôle dénouer et jeter le pagne, s'asseoir sur une poterie retournée, et l'exciseuse, la femme du forgeron, la grande sorcière, avancer, sortir le couteau, un couteau à la lame recourbée, le présenter aux montagnes et trancher le clitoris considéré comme l'impureté, la confusion, l'imperfection, et l'opérée se lever, remercier la praticienne et entonner le chant de la gloire et de bravoure répété en chœur par toute l'assistance. [...] La praticienne s'approcha de Salimata et s'assit, les yeux débordants de rouges et les mains et les bras répugnants de sang, le souffle d'une cascade. Salimata se livre les yeux fermés, et le flux de la douleur grimpa de l'entrejambe au dos, au cou et à la tête, redescendit dans les genoux; elle voulut se redresser pour chanter mais ne le put pas, le souffle manqua, la chaleur de la douleur tendit les membres, la terre parut finir sous les pieds, [...] elle se cassa et s'effondra vidée d'animation... (*S*, 36-37)

Il y a même pire: en plus de l'excision qui la laisse à moitié morte, Salimata est violée par Tiékoura. Mais si ce viol est lui aussi une atteinte qui marque le corps, il ne laisse pas de signe physique comme l'ablation que subissent toutes les jeunes filles de la communauté. Il n'est d'ailleurs que la manifestation d'un délire individuel qui n'engage en rien la trajectoire culturelle collective. Par contre, le corps féminin, comme le corps masculin des garçons circoncis, garde des cicatrices d'actes rituels qui se répètent annuellement et qui constituent l'histoire et l'identité culturelles d'une collectivité dont on ne peut se séparer et dont les codes passent, entre autres, par ce marquage des corps: corps secrets, couverts, mais qui se souviennent des traumatismes subis et de la pénétration des lames non stérilisées. Celui de Salimata et ceux de

---

10. Michel Foucault, «Nietzsche, la généalogie, l'histoire. Hommage à Hippolyte», *Dits et Écrits*, Paris, Gallimard, 1994, t. II, p. 143.

11. Françoise Couchard, *L'excision*, Paris, Presses Universitaires de France, coll. «Que sais-je?», n° 3686, 2003, p. 5.

ses pairs deviennent ainsi le site cicatrisé d'une violente mémoire collective dont la commémoration dans la douleur ne dure que l'instant de la chirurgie. Dès la fin de la cérémonie, le corps excisé de Salimata porte seul sa marque et les douleurs qui lui sont associées, dans un anonymat tragique. Cela se remarque encore dans *Allah n'est pas obligé*.

La spécificité de ce roman de Kourouma par rapport à la mémoire corporelle est la circonstance de son irruption. L'excision est ici associée à la guerre. Si le narrateur Birahima se retrouve dans de nombreux groupes de criminels et des escouades d'enfants-soldats, c'est parce qu'il est à la recherche de sa mère. Comme Salimata et toutes les femmes, la mère de Birahima subit le rituel fatal. Elle est, elle aussi, presque morte sur l'abattoir, mais est sauvée *in extremis* par la chirurgienne simplement parce qu'elle est jolie :

> Et Moussokoroni, en voyant ma maman en train de saigner, en train de mourir, a eu pitié parce que ma maman était alors trop belle. [...] L'exciseuse avait un bon cœur et elle a travaillé. Avec sa sorcellerie, ses adorations, ses prières, elle a pu arracher ma maman au méchant génie meurtrier de la brousse. Le génie a accepté les adorations et les prières de l'exciseuse et ma maman a cessé de saigner. Elle a été sauvée. Grand-père et grand-mère, tout le monde était content au village et tout le monde a voulu récompenser, payer au prix fort l'exciseuse ; elle a refusé. Carrément refusé. (*A*, 23)

Ce qu'on peut noter dans le cas de la mère de Birahima comme dans celui de Salimata, c'est l'intensité de la douleur et la proximité de la mort. Cette mort, à laquelle les deux personnages échappent, est simplement la mort totale, puisqu'elles sont déjà mortes à leur clitoris qui porte la marque de la chirurgie. Au-delà donc de la douleur, l'atteinte à l'intégrité corporelle met le sujet sous le mode du décès programmé, puisque la mort est indicible et déjà imposée. Selon Françoise Couchard :

> Celui qui souffre investit totalement l'endroit du corps douloureux ; cet investissement, en augmentant avec la douleur, finit par trouer le moi, par le vider de sa substance, excepté, peut-être si des circonstances extérieures parviennent à le décentrer de la source de cette douleur. Cette capacité de certains individus à mobiliser des mécanismes de clivage leur permet d'isoler les parties souffrantes du corps, pour les traiter comme des parties mortes. [...] le sujet qui souffre et que la douleur envahit ne réussit ni à la nommer, ni à y mettre les mots[12].

Cette analyse est particulièrement intéressante pour ces romans de Kourouma dans lesquels les sujets dont les corps subissent les effets de

---

12. *Ibid.*, p. 93-94.

la marche de l'histoire sont essentiellement des enfants, surtout des jeunes filles que la guerre protège paradoxalement du viol, pour assurer une mutilation postérieure.

Parmi les nombreux acteurs de la guerre civile en Sierra Leone, Birahima mentionne la sœur Hadja Gabrielle Aminata qui « était tiers musulmane, tiers catholique et tiers fétichiste. Elle avait le grade de colonel parce qu'elle avait une grande expérience des jeunes filles pour avoir excisé près de mille filles pendant vingt ans » (A, 186). Ce qui est insolite, c'est que son grade n'a rien à voir avec son expérience militaire. Profitant de l'anarchie que suscite la guerre, Garbrielle se crée une véritable institution qui lui permet d'accueillir les jeunes filles et de contrôler leur corps :

> Pendant sa riche carrière d'exciseuse, sœur Gabrielle Aminata s'était refusée, carrément refusée, à exciser toute fille qui avait perdu sa virginité. C'est pourquoi elle s'était mis dans la tête pendant cette période trouble de la guerre tribale de protéger, quoi qu'il arrive, la virginité des jeunes filles en attendant le retour de la paix dans la patrie bien-aimée de Sierra Leone. Et cette protection, elle l'accomplissait avec le kalach. Cette mission de protection de la virginité avec le kalach était accomplie avec beaucoup de rigueur et sans le soupçon d'une petite pitié. (A, 187)

La guerre semble donc protéger les jeunes filles contre le viol et la perte de leur virginité. Mais il ne s'agit que d'une sorte de violence différée car sœur Gabrielle prépare les filles à une violence plus atroce qui leur arrachera une partie d'elles-mêmes pour la vie. La guerre, souvent associée au viol, comme dans *Allah n'est pas obligé*, devient une opération non seulement de conquête du pouvoir politique ou d'accumulation des richesses, mais aussi et surtout une occasion de programmer des chirurgies brutales. À travers l'excision donc, le corps marqué se souvient, devient *marqueur de mémoire* et la fin de la guerre devient l'occasion de renouveler une violence qui laisse une trace permanente. Comme l'écrit si bien Paul Ricœur, le souvenir et l'expérience impliquent toujours « le corps propre et le corps des autres, l'espace vécu, enfin l'horizon du monde et des mondes, sous lequel quelque chose est arrivé[13] ».

Mais s'il s'agit dans ces cas d'actes culturels, il existe aussi dans *Allah n'est pas obligé* ce qu'on pourrait d'abord appeler des « amputations

---

13. Paul Ricœur, *La mémoire, l'histoire, l'oubli, op. cit.*, p. 44.

express». Elles sont liées à la guerre et le narrateur en est à la fois l'acteur et le témoin. Un exemple troublant est celui de l'enfant-soldat Kik, qui, après avoir sauté sur une mine antipersonnel, voit sa jambe amputée sans anesthésie : «Au village, on le coucha dans une case. Trois gaillards ne suffirent pas pour tenir Kik. Il hurlait, se débattait, criait le nom de sa maman et, malgré tout, on coupa sa jambe juste au genou. Juste au genou. On jeta la jambe à un chien qui passait par là» (A, 94). Mais le plus important dans ce roman est la systématisation des supplices.

En effet, les «bandits» impliqués dans la gestion de la violence semblent trouver dans le supplice non seulement un mode de production des biens symboliques, mais aussi, spécialement, le moyen le plus sûr d'imposer une mémoire corporelle à la marche de leur pays. Selon Paul Ricœur, «les mises à l'épreuve, les maladies, les blessures, les traumatismes du passé invitent [cette] mémoire corporelle à se cibler sur des incidents précis qui font appel principalement à la mémoire secondaire, au ressouvenir, et invitent à en faire récit[14]».

Les récits d'horreurs sur les corps sont assez nombreux chez Kourouma. Les vidéos de la boucherie à laquelle a été soumis le corps de Samuel Doe, l'ancien dictateur du Libéria, continuent de circuler dans de nombreux pays d'Afrique de l'Ouest. Mais Kourouma restitue, et resitue ces atrocités avec un réalisme repoussant qui permet de définir, avec des personnages portant les mêmes noms que les acteurs politiques impliqués dans ce conflit, les conditions d'inscription du corps dans la constitution de la mémoire historique :

> Il le prit par l'oreille, le fit asseoir. Il lui coupa les oreilles, l'oreille droite après l'oreille gauche. […] Plus le sang coulait, plus Johnson riait aux éclats, plus il délirait. Le Prince Johnson commanda qu'on coupe les doigts de Samuel Doe, l'un après l'autre et, le supplicié hurlant comme un veau, il lui fit couper la langue. Dans un flot de sang, Johnson s'acharnait sur les bras, l'un après l'autre. Lorsqu'il voulut couper la jambe gauche, le supplicié avait son compte : il rendit l'âme.
> […]
> Johnson délirant, dans de grandes bouffées de rires, commanda. On enleva le cœur de Samuel Doe. Pour paraître plus cruel, plus féroce, plus barbare et inhumain, un des officiers de Johnson mangeait la chair humaine, oui, de la vraie chair humaine. […] Ensuite, on monta rapidement un haut et branlant tréteau, en dehors de la ville, du côté là-bas de la route du cimetière. On y amena la charogne du dictateur et la jeta sur un tréteau. On la laissa

14. *Ibid.*, p. 48.

exposée pendant deux jours et deux nuits aux charognards. Jusqu'à ce que le vautour royal, majestueusement, vînt lui-même procéder à l'opération finale. Il vint lui arracher les yeux, les deux yeux des orbites. (*A*, 138-139)

Malgré la cruauté des actes et cette profanation de cadavres sans défense, il reste évident que les corps marqués sont sans vie, et que leur décomposition pourrait évacuer leur souvenir de la mémoire des humains. Mais il y a encore plus grave : les marques de supplice que portent les vivants rappellent sans cesse de douloureux moments de l'histoire des peuples figurés.

En effet, la guerre qui sévit dans *Allah n'est pas obligé* nourrit l'imagination des techniques de l'horreur. Le narrateur explique par exemple que pour imposer leurs services de vigiles aux patrons de grandes plantations, les chefs de guerre enlèvent les employés blancs, réclament une rançon, puis restituent les travailleurs avec des doigts ou une oreille en moins. Si la Sierra Leone possède aujourd'hui un nombre record de manchots, d'amputés, de borgnes ou de personnes avec une seule oreille, c'est à cause de la démence de Foday Sankoh, un chef de guerre que met en scène le récit de Kourouma : pour empêcher la tenue des élections, il faut empêcher les électeurs potentiels de voter, de manière fort originale :

> À la fin du cinquième jour de ce régime de retraite drastique [...], la solution lui vint naturellement sur les lèvres, sous forme d'une expression lapidaire : « Pas de bras, pas d'élections. » [...] C'était évident : celui qui n'avait pas de bras ne pouvait pas voter. [...] Il faut couper les mains au maximum de personnes, au maximum de citoyens sierra-léonais. [...] Foday donna les ordres et des méthodes et les ordres et les méthodes furent appliqués. On procéda aux « manches courtes » et aux « manches longues ». Les « manches courtes », c'est quand on ampute les avant-bras du patient au coude ; les « manches longues », c'est lorsqu'on ampute les deux bras au poignet.
> Les amputations furent générales, sans exception et sans pitié. Quand une femme se présentait avec son enfant au dos, la femme était amputée et son bébé aussi, quel que soit l'âge du nourrisson. Autant amputer les citoyens bébés car ce sont des futurs électeurs. (*A*, 170-171)

Cet acharnement répété sur le corps relève du rituel du châtiment public qui, selon Michel Foucault, doit être suffisamment éclatant et cruel pour marquer à la fois la victoire et la lutte, de façon à faire régner la peur. Il permet ainsi de rappeler la violence de l'histoire par le marquage du corps. De telles démonstrations relèvent d'une mécanique du pouvoir [postcolonial] : d'un pouvoir qui non seulement ne se cache pas de s'exercer directement sur les corps, mais s'exalte et se renforce de ses manifestations physiques ; d'un pouvoir qui s'affirme comme pouvoir armé, et dont les fonctions d'ordre ne sont pas entièrement dégagées des fonctions de guerre ; d'un pouvoir qui fait valoir les règles et les obligations comme des liens personnels dont la rupture constitue une offense et appelle une vengeance ; d'un pouvoir pour qui la désobéissance est un acte d'hostilité, un début de soulèvement, qui n'est pas dans son principe très différent de la guerre civile ; d'un pouvoir qui n'a pas à démontrer pourquoi il applique ses lois, mais à montrer qui sont ses ennemis, et quel déchaînement de force les menace[15].

D'autre part, ces restes de corps, parce qu'ils constituent des êtres vivants, deviennent, du fait de leurs fractures et de leurs démembrements, de véritables lieux de mémoire. À moins qu'ils ne soient mangés lors de rituels anthropophages et disparaissent dans les intestins des guerriers, ces reliquats de chair témoignent de la violence d'une époque caractérisée par l'éclatement du social et la déréliction du politique. Ces têtes sans oreilles, avec un nez diminué ou un œil crevé, ces demi-bras deviennent donc de véritables témoins du malheur qui permettent de constituer un savoir historique. Ces éléments de la mémoire corporelle

> fonctionnent principalement à la façon des *reminders*, des indices de rappel, offrant tour à tour un appui à la mémoire défaillante, une lutte dans la lutte contre l'oubli, voire une suppléance muette de la mémoire morte. Les lieux « demeurent » comme des inscriptions, des monuments, potentiellement des documents, alors que les souvenirs transmis par la seule voix orale volent comme le font les paroles[16].

Mais si une chose est commune à ces porteurs, témoins ou acteurs de la mémoire corporelle, c'est que celle-ci s'établit avant tout par l'expérience des acteurs. Dans *Allah n'est pas obligé* et dans *Quand on refuse on dit non*, la mémoire se construit surtout dans le déplacement. Autrement dit, la marche narrative est nourrie par les mouvements que l'expérience historique impose aux acteurs fatalement nomades. Ce rapport est très bien analysé par Paul Ricœur :

> La transition de la mémoire corporelle à la mémoire des lieux est assurée par des actes aussi importants que s'orienter, se déplacer, et plus que tout habiter. C'est sur la surface de la terre habitable que nous nous souvenons

---

15. Michel Foucault, *Surveiller et punir*, Paris, Gallimard, coll. « Tel », 1993 [1975], p. 69.
16. Paul Ricœur, *La mémoire, l'histoire, l'oubli, op. cit.*, p. 49.

avoir voyagé et visité des sites mémorables. Ainsi les «choses» souvenues sont-elles intrinsèquement associées à des lieux. Et ce n'est pas par mégarde que nous disons de ce qui est advenu qu'il a eu lieu. C'est en effet à ce niveau primordial que se constitue le phénomène des «lieux de mémoire», avant qu'ils deviennent une référence pour la connaissance historique[17].

Dans un tel contexte, et étant donné la dynamique spatiale qu'on repère chez Kourouma, l'exploration d'autres lieux de mémoire, ceux qui hébergent les corps sacrifiés ou suppliciés, devient une absolue nécessité.

Espace physique, narration et mémoire de la violence

Si on peut définir Birahima autrement que comme un enfant-soldat, on dira qu'il est un nomade. En effet, aussi bien dans *Allah n'est pas obligé* que dans *Quand on refuse on dit non*, sa trajectoire s'apparente à celle d'un personnage de roman d'apprentissage dont l'identité est définie par l'expérience qu'il acquiert — dans ce cas précis, à travers les voyages. Et ce qui est commun aux deux récits, c'est la prédominance de conflits armés qui contraignent le jeune enfant à un nomadisme permanent. Dans *Allah n'est pas obligé*, Birahima entreprend son voyage vers le Libéria parce que, à cause de l'éclatement de sa famille où règnent mort et terreur, il devient orphelin et est contraint d'aller à la recherche de sa tante. La violence originelle qu'il vit le pousse donc vers d'autres expériences non moins violentes qui le conduisent successivement au Libéria, en Sierra Leone puis en Côte d'Ivoire. S'il est une nature intertextuelle entre *Allah n'est pas obligé* et *Quand on refuse on dit non*, elle est d'abord médiatisée par le voyage qui oblige le jeune enfant-soldat à parcourir les espaces en guerre de trois pays au risque de sa propre vie :

> Il y a quatre ou six mois (je ne sais exactement combien), j'ai quitté le Liberia barbare de Charles Taylor, son dictateur criminel et inamovible. Je me présente à ceux qui ne m'ont pas rencontré dans *Allah n'est pas obligé*. Je suis orphelin de père et mère. Je suis malpoli comme la barbiche d'un bouc. [...]
> J'ai fait l'enfant-soldat (small-soldier) au Liberia et en Sierra Leone. Je recherchais ma tante dans ces foutus pays. Elle est morte et enterrée dans ce bordel de Liberia [...]. (Q, 15)

Mais ce qui semble être le destin de Birahima le rattrape. Il échappe à la violence familiale pour se retrouver dans un pays en guerre. Lorsqu'il

17. *Ibid.*

parvient à s'en échapper pour la Côte d'Ivoire, une autre guerre le rattrape. On exagérerait à peine en disant que le jeune enfant est maudit, ou qu'il voyage avec la guerre. Celle-ci lui permet de se constituer en véritable témoin d'une histoire tumultueuse faite de viols et de massacres.

Toutefois, ces migrations de Birahima seraient sans importance si elles ne lui permettaient pas de témoigner du marquage de l'espace par la guerre. En effet, le Libéria et la Sierra Leone sont en proie à un ensemble de conflits qui oscillent entre une « guerre civile », qui oppose des factions de la population, et une « guerre sauvage », dont le seul but est de tuer[18]. Dans ce contexte, l'une des choses que les différentes bandes armées imposent, c'est la redéfinition topographique. Les pays sont divisés en zones de contrôle. Au Libéria, comme en Sierra Leone, la division de l'espace est déterminée par ses richesses et les dividendes que les protagonistes peuvent en tirer comme impôt ou rançons :

> Sanniquellie comprenait quatre quartiers. Le quartier des natives, celui des étrangers, entre les deux il y avait le marché. Le marché c'était là que les samedis on exécutait les voleurs. À l'autre bout, au pied de la colline, le quartier des réfugiés et, sur la colline, le camp militaire où nous vivions. Le camp militaire était limité par des crânes humains portés par des pieux. Ça, c'est la guerre tribale qui veut ça. Bien au-delà des collines, dans la plaine, il y a la rivière et les mines. Les lieux étaient surveillés par des soldats-enfants. Les mines et la rivière où on lavait le minerai, c'était le bordel au carré. (A, 111)

Ce qui est le plus intéressant dans le processus mémoriel est l'originalité du décor. À l'épouvante de mourir s'ajoutent désormais non seulement celle de mourir pour rien, sans aucune préparation, mais aussi, le refus de la sépulture. Ce décor insolite, qui est l'un des « *reminders* » du drame quotidien des populations, est d'ailleurs repris plusieurs fois dans le roman[19]. Certes, la terre est la destination finale de tout corps, mais le type d'architecture ou de marques que les guerriers lui imposent en dit

---

18. Cette typologie est celle de Jean Baechler, « La sociologie et la guerre. Introduction à l'analyse des guerres en Afrique », *Nouveaux Mondes*, n° 10 (« Guerres d'Afrique »), 2002, p. 3-23.

19. Voir : « Le camp était limité par des crânes humains hissés sur des pieux comme autour de tous les camps de la guerre tribale de Liberia et de Sierre Leone. Walahé (au nom du Tout-Puissant) ! C'est la guerre tribale qui veut ça » (A, 214) ; « On est arrivés dans le camp retranché. Comme tous ceux du Liberia de la guerre tribale, le camp était limité par des crânes humains hissés sur des pieux » (A, 62) ; « Le quartier d'en haut était une sorte de camp retranché. Un camp retranché limité par des crânes humains hissés sur des pieux, avec cinq postes de combat protégés par des sacs de sable. » (A, 70)

beaucoup sur l'ampleur de la violence. À la place de fleurs ou de maisons, ce sont des restes de corps qui sont hissés sur des pieux qui, dès lors, deviennent un lieu tragique de mémoire.

Dans *Quand on refuse on dit non*, la terre joue le même rôle de porte-mémoire dans une double perspective. D'abord, le narrateur apprend par la narratrice Fanta que la terre en Côte d'Ivoire est l'objet d'enjeux politiques millénaires. Grâce à un savoir qu'elle doit à son éducation, Fanta élucide les conditions historiques de possession de la terre dans un pays d'immigration. À cause de discours politiques dangereux, la terre qui était autrefois occupée par des paysans réquisitionnés pour y travailler devient le centre du drame ivoirien. De son vivant, le président Houphouët-Boigny laissait qui travaillait la terre la posséder (Q, 61). À la suite de choix politiques hasardeux, les travailleurs qui occupent la terre en sont exclus. Du coup, la terre ne sert plus à travailler, mais à faire la guerre. Dans l'extrait qui suit, comme dans beaucoup d'autres d'ailleurs, le récit élucide la place de la terre dans le déclenchement de la guerre civile en Côte d'Ivoire :

> Les trois fuyards m'ont remercié, puis ils se sont présentés. C'étaient des Burkinabés, des agriculteurs burkinabés. Ils avaient été expulsés de leur plantation de cacao. Il y avait là le père, son épouse et leur fils. Le père avait acheté la terre à des Bétés quinze ans plus tôt. Depuis quinze ans, il cultivait la même plantation. Le président Houphouët avait dit que la terre appartenait à celui qui la cultivait. Le père avait quand même donné de l'argent aux autochtones. La terre lui appartenait donc deux fois : il l'avait achetée et il l'avait cultivée. Il vivait bien avec les villageois. Il était devenu un Bété parlant le bété aussi bien qu'un Bété. Mais voilà qu'étaient arrivées l'ivoirité et la présidence de Gbagbo. Ses amis villageois étaient venus lui dire de partir, d'abandonner sa terre, sa plantation, tout ce qu'il possédait. Il avait refusé, carrément refusé. Mais, ce matin même, les villageois s'étaient fait accompagner par des gendarmes. Les gendarmes lui avaient demandé de partir parce qu'ils ne pouvaient pas garantir sa sécurité ni celle de sa famille. Quand les Burkinabés avaient commencé à rassembler leurs bagages, les villageois s'étaient armés de coupe-coupe et avaient entrepris de les poursuivre. (Q, 61)

Le destin de cette famille de réfugiés illustre à plusieurs égards la bataille qu'ils sont obligés de mener à nouveau pour pouvoir établir une mémoire topographique et culturelle. La terre, objet de tous les enjeux, se révèle être le premier générateur de conflits qui ne se justifient que par la possibilité ou l'impossibilité de l'habiter, de la marquer, c'est-à-dire d'y construire une mémoire politique et culturelle. Comme le souligne fort à propos Paul Ricœur :

> L'acte d'habiter [...] constitue [...] le lien humain le plus fort entre la date et
> le lieu. Les lieux habités sont par excellence mémorables. La mémoire décla-
> rative se plaît à les évoquer et à les raconter, tant le souvenir leur est attaché.
> Quant à nos déplacements, les lieux successivement parcourus servent de
> *reminders* aux épisodes qui s'y sont déroulés. Ce sont eux qui après coup
> nous paraissent hospitaliers ou inhospitaliers, en un mot habitables[20].

C'est donc pour empêcher la construction de cette mémoire déclara-
tive déployée à travers le lieu d'habitation et, surtout, du travail, que
les Burkinabés sont traités comme des bêtes. Mais ce n'est pas tout, car
la terre déclenche d'autres passions.

Aux conflits terriens s'ajoutent d'autres joutes politiques impliquant
divers groupes ethniques[21] et de nombreuses milices, notamment les
fameux « escadrons de la mort » qui sèment la terreur chez les Dioulas,
coupables d'être soupçonnés de s'opposer au président Gbagbo qui est
de l'ethnie bété. Dans ce contexte où la géographie, l'histoire et même
l'anthropologie comptent, il n'est pas inutile de rappeler que les travailleurs burkinabés du Nord sont facilement assimilables aux Dioulas
ivoiriens dont ils partagent la culture. Leurs destins sont donc liés, et
dans les épurations ethniques successives qu'a connues la Côte d'Ivoire,
les uns et les autres sont confondus. Remarquons dans l'extrait suivant
l'ironie féroce avec laquelle le récit établit un rapport entre le viol de la
terre, la production agricole et la qualité du cacao qui en est tiré :

> Puis les militaires loyalistes et les jeunes militants ont apporté et donné des
> pelles, des pioches et des dabas aux Dioulas valides, aux imams et à toutes
> les personnes arrêtées. Les Dioulas valides et les imams ont creusé un grand
> trou profond et béant. Au bord du trou profond et béant, les loyalistes ont
> fait aligner les Dioulas valides et tous les arrêtés. Ils les ont mitraillés sans
> pitié comme des bêtes sauvages. Ils ont fait de leurs cadavres d'immenses
> charniers. Les charniers pourrissent, deviennent de l'humus, l'humus
> devient du terreau. Le terreau de l'humus des charniers est toujours recom-
> mandé, bon pour le sol ivoirien. C'est le terreau de l'humus des charniers
> qui enrichit la terre ivoirienne. La terre ivoirienne qui produit le meilleur
> cacao du monde. Walahé (au nom d'Allah, l'omniprésent) ! (Q, 25)[22]

La terre devient donc, on le voit, le lieu de plusieurs sacrilèges : non
seulement on lui impose un décor d'épouvante avec des crânes humains,
mais aussi on lui en offre un d'un type tout à fait singulier. Contraire-

---

20. Paul Ricœur, *La mémoire, l'histoire, l'oubli, op. cit.*, p. 51.
21. Ce terme est très problématique, mais c'est celui qui est employé dans le récit.
22. Ce motif des charniers fertiles est également repris plusieurs fois dans le récit.

ment aux autres marques qui sont visibles, les charniers deviennent des marques cachées, c'est-à-dire des lieux de mémoire qui servent à occulter la mémoire et, donc, l'histoire, puisque les corps qui y sont entassés n'entrent dans l'histoire et dans le récit collectif que si la terre est *découverte,* c'est-à-dire ramenée à une certaine visibilité.

Il ne s'agit là que des aspects extrêmes du contrôle du sol. Dans les trois pays embrasés que parcourt Birahima, circuler n'est pas une donnée évidente. Alors que la Côte d'Ivoire est divisée en deux, le Nord peuplé de Dioulas et le Sud peuplé de Bétés et d'autres groupes qui expulsent et massacrent des Burkinabés et des Dioulas, la Sierra Leone et le Libéria ne sont pas affectés par une partition uniquement géographique. Les chefs de guerre se partagent le pays en fonction de la richesse du sous-sol. Le cas du Libéria est présenté de manière brutale par Birahima :

> Quand on dit qu'il y a guerre tribale dans un pays, ça signifie que des bandits de grand chemin *se sont partagé le pays.* Ils se sont partagé la richesse ; *ils se sont partagé le territoire ;* ils se sont partagé les hommes. Ils se sont partagé tout et tout et le monde entier les laisse faire. [...] Et ce n'est pas tout ! Le plus marrant, chacun défend avec l'énergie du désespoir son gain et, en même temps, *chacun veut agrandir son domaine.* (A, 51, nous soulignons)

La situation est exactement la même pour la Sierra Leone où les criminels contrôlent avant tout les zones diamantifères ou aurifères. Et dans les deux pays, pour s'assurer l'exclusivité de l'espace, on le marque, on y plante de nombreuses mines antipersonnel comme celle sur laquelle saute le petit Kik. On multiplie aussi de nombreux barrages et pièges dans lesquels les ennemis tombent presque toujours. Parce qu'il est porteur d'une arme et compte tenu de son expérience passée dans les champs de guerre libériens et sierra léonais, Birahima évolue presque librement en Côte d'Ivoire. Par contre, il sauve de nombreux Burkinabés ainsi que des exilés dioulas, ce qui lui permet de mieux s'affirmer devant Fanta qui est devenue sa seule raison de vivre. Au total, la violence passe aussi par un contrôle sévère de l'espace qui est «découpé, immobile, figé. Chacun est arrimé à sa place. Et s'il bouge, il y va de sa vie, contagion ou punition[23]». Mais le drame des sujets est qu'ils ne connaissent justement pas quelles sont les limites construites dans les espaces où ils se trouvent. Birahima et les autres déplacés se heurtent plusieurs fois à ces frontières, et ne doivent la vie

---

23. Michel Foucault, *op. cit.,* p. 229.

sauve qu'à une forêt avoisinante qui sert aussi trop souvent à abriter les malfaiteurs. On le voit, la terre se retrouve au centre de tous les trafics parce que la guerre lui attribue des fonctions singulières. Les richesses qu'elle comporte deviennent de véritables malédictions à cause des horreurs qu'elle génère, et elle subit une hospitalité tragique en hébergeant les corps charcutés et décomposés de personnes dont le péché peut être aussi banal que l'ethnie ou l'appartenance politique. Tout cela, Kourouma le médiatise à travers Birahima qui assure presque seul la conduite des deux récits dans lesquels il est impliqué, implication qui lui permet aussi de contribuer à l'élaboration de la mémoire et de la connaissance historique.

En effet, *Allah n'est pas obligé* et *Quand on refuse on dit non* peuvent être présentés sous deux formes de configurations narratives, à savoir le témoignage et la pédagogie. Nous l'avons dit plus haut, le même personnage voyage d'un roman à un autre. Ce sont ses mouvements qui autorisent la narrativité dont l'élan dynamique est donné par la violence qui pousse Birahima à la recherche de sa tante. Narrateur-personnage, Birahima rapporte son expérience, laquelle est similaire à celle, non seulement de tous les enfants de son âge, mais aussi de toutes les populations affectées par la démence qui s'empare de l'Afrique de l'Ouest. Même si on ignore le contexte sociopolitique ayant généré l'œuvre — lequel est suffisamment connu pour qu'on n'y revienne pas — le seul fait que Birahima est la principale autorité narrative situe son récit dans le régime du témoignage, élément fondamental de construction et de préservation de la mémoire. Selon Paul Ricœur :

> La spécificité du témoignage consiste en ceci que l'assertion de la réalité est inséparable de son couplage avec l'autodésignation du sujet témoignant. De ce couplage procède la formule type du témoignage : j'y étais. Ce qui est attesté indivisément est la réalité de la chose passée et la présence du narrateur sur les lieux de l'occurrence. Et c'est le témoin qui d'abord se déclare témoin. Il se nomme lui-même. Un déictique triple ponctue l'autodésignation : la première personne du singulier, le temps passé du verbe et la mention du là-bas par rapport à l'ici[24].

Ce privilège du témoignage, Birahima l'assure et l'assume pleinement dans les deux récits. Dès la première page d'*Allah n'est pas obligé*, il établit son autorité : «Je décide le titre définitif et complet de mon blablabla est *Allah n'est pas obligé d'être juste dans toutes ses choses ici-bas*.

---

24. Paul Ricœur, *La mémoire, l'histoire, l'oubli, op. cit.*, p. 204.

Voilà. Je commence à conter mes salades» (A, 9). Il contrôle la matière et l'ordre narratif, mais surtout il le fait toujours savoir : « Commençons par le commencement» (A, 54) ; « Moi non plus, je ne suis pas obligé de parler, de raconter ma chienne de vie, de fouiller dictionnaire sur dictionnaire. J'en ai marre ; je m'arrête ici pour aujourd'hui. Qu'on aille se faire foutre ! » (A, 97) Mais le plus important porte sur le témoignage. Même s'il promet son témoignage, le narrateur guerrier le livre toujours à sa guise et ne fournit au narrataire que ce que la fantaisie de ses modes de distribution du savoir narratif lui inspire. L'extrait suivant n'est qu'un des nombreux exemples :

> Comment Sosso mérita le qualificatif de panthère est une autre histoire et une longue histoire. Je n'ai pas le goût de la raconter parce que je ne suis pas obligé de le faire et que ça me faisait mal, très mal. Je pleurais à chaudes larmes de voir Sosso couché, mort comme ça. (A, 121)

Par contre, dans *Quand on refuse on dit non*, si Birahima reste un narrateur toujours impliqué dans les faits rapportés, l'opération mémorielle s'étend à une dimension supplémentaire au moyen de laquelle il construit sa mémoire qui dépend désormais des enseignements qu'il reçoit de Fanta. Birahima ne manque jamais l'occasion de rappeler qu'il a à peine été à l'école qui, d'ailleurs, « ne vaut rien, même pas le pet d'une vieille grand-mère » (A, 9). Lorsqu'il retrouve Fanta, parce qu'elle a eu le privilège de bénéficier d'une éducation, elle prend le contrôle narratif et lui permet ainsi de construire son propre savoir et sa mémoire historique :

> Elle a commencé par m'annoncer quelque chose de merveilleux. Pendant notre voyage, elle allait me faire tout le programme de géographie et d'histoire de la medersa. J'apprendrais le programme d'histoire et de géographie du CEP, du brevet, du bac. Je serais instruit comme un bachelier. Je connaîtrais la Côte d'Ivoire comme l'intérieur de la case de ma mère. Je comprendrais les raisons et les origines du conflit tribal qui crée des charniers partout en Côte d'Ivoire (ces charniers qui apportent l'humus au sol ivoirien). Et elle a commencé. (Q, 41)

Ce qu'il faut également mentionner à propos de cette délégation narrative par discours rapporté, c'est l'importance de l'éducation dans la préservation de la mémoire et la constitution de l'identité. Fanta se substitue à une éducatrice, elle enseigne à Birahima ce qu'il aurait appris si la guerre ne l'avait éloigné. Le savoir qu'elle a acquis à l'école, lequel peut être perçu, avec Paul Ricœur, comme faisant partie d'une « mémorisation forcée », devient la seule lanterne qui permet aux récepteurs du récit, Birahima et le lecteur, de se constituer une intelligence des enjeux du bourbier ivoirien. Par un procédé très répétitif, Birahima rapporte systématiquement les propos de Fanta, puis en fait un résumé pour lui-même, ce qui lui permet de tester son degré de compréhension des leçons suivies lors de son voyage initiatique avec Fanta. Comme dans toute expérience pédagogique, il comprend souvent, parfois mal, et parfois pas du tout : « J'ai compris aussi (et je vais le vérifier avec mes dictionnaires) que les Ivoiriens ne font plus l'amour comme avant » (Q, 48) ; « Ça, j'ai compris ! C'est le problème des Dioulas. Ils viennent du Mali, du Burkina, de la Guinée, du Sénégal et du Ghana » (Q, 48) ; « Comme je ne comprenais rien à rien, Fanta s'est arrêtée et m'a donné de longues explications » (Q, 51) ; « Moi, j'étais en train de réfléchir à tout ce que Fanta sortait de sa tête remplie de choses merveilleuses. C'était trop pour moi qui l'écoutais et l'enregistrais. C'était trop pour ma tête de petit oiseau. Mon école n'est pas allée loin ; je ne pouvais pas tout comprendre tout de suite » (Q, 60).

On peut le remarquer, Birahima apprend les connaissances fondamentales sur son pays assez tard, essentiellement à cause d'une violence qui force à l'exil, aux défaillances et aux lacunes mémorielles. Son destin n'est pas un épiphénomène : c'est le lot de milliers d'enfants arrachés à la vie ou à leurs familles pour être jetés en pâture aux rigueurs de la guerre, de la maladie et de la mort. Pour les vivants, la scolarisation reste une nécessité. Au-delà de ce discours sur la nécessaire éducation des enfants, l'opération narrative de Fanta et le savoir qu'elle véhicule sont aussi essentiellement mémoriels, dans la mesure où « une mémoire exercée, en effet, c'est, au plan institutionnel, une mémoire enseignée[25] ».

Mais ce dont il est également impératif de se souvenir, c'est du mode de préservation de la mémoire. En effet, pour préserver l'enseignement de la géographie, de l'histoire, de l'économie et de la culture de la Côte d'Ivoire, Fanta offre à Birahima un magnétophone : « Avec ça, tu pourras enregistrer nos conversations au cours du voyage » (Q, 44). Est-ce un signal qui annonce la défaillance de la mémoire humaine ? Le roman veut-il mettre en garde contre la fragilité de la mémoire africaine habituellement portée par des vieillards-bibliothèques qui pourraient « brûler » à leur mort ? Cela rappelle bien cette mise en garde de Paul Ricœur pour qui les témoignages oraux

---

25. *Ibid.*, p. 104.

ne constituent des documents qu'une fois enregistrés ; ils quittent alors la sphère orale pour entrer dans celle de l'écriture et s'éloignent ainsi du rôle du témoignage dans la conversation ordinaire. On peut dire alors que la mémoire est archivée, documentée. Son objet a cessé d'être un souvenir, au sens propre du mot [...][26].

Faut-il donc faire le deuil des conteurs traditionnels et convoquer la technologie pour les adapter à ce mode traditionnel qui éviterait d'exproprier l'Africain de son histoire ? Ou alors, l'oralité est-elle le seul recours pour Birahima et les milliers d'enfants analphabètes ? Il est clair que le don du récit par Fanta et son enregistrement par Birahima ne participent pas seulement d'un procès de préservation d'une mémoire menacée par la violence politique, ils constituent aussi, et surtout, des actes de résistance. Parler, pour la fille, et enregistrer, pour le garçon amoureux, surtout lorsque cela se fait sur le chemin de l'exil, constituent un refus de mourir. Bernard-Henri Lévy le pense d'ailleurs lorsqu'il écrit :

par-delà des noms et des visages, il y a des événements ; [...] enregistrer un événement, le réinscrire dans un système d'événements antérieurs ou concomitants, est aussi un acte politique ; [...] distinguer des événements, casser les fausses unités temporelles, les unités toutes faites de temps, pour rendre à l'événement sa dignité, est un acte de résistance[27].

Nous avions pour objectif de montrer qu'il est possible, à partir d'une lecture des récits d'Ahmadou Kourouma, de déterminer des lieux alternatifs de mémoire qui puissent permettre de véritables investigations historiques. Le tribut que paye le corps, par exemple, est assez caractéristique des pratiques culturelles, des rites ou des supplices que s'infligent divers protagonistes engagés dans des batailles épiques. Il en est de même de l'espace physique qui devient objet de décorations insolites ou réceptacles de corps charcutés qui permettent, suivant le cynisme du narrateur de *Quand on refuse on dit non*, de fertiliser la terre. Hypertrophie des bénéfices de la guerre ou ironie féroce ? Toujours est-il que l'espace public et corporel s'abîme, se démolit et pourrit, dans un cycle interminable de douleur. C'est la même douleur qui caractérise le langage des narrateurs qui véhiculent le savoir permettant de maintenir ce qui reste d'une mémoire amputée ou hachurée. Dans ce contexte, l'école et la technologie semblent présentées dans

26. *Ibid.*, p. 226.
27. Bernard-Henri Lévy, *op. cit.*, p. 332.

les récits comme des moyens utiles pouvant éviter à la mémoire de sombrer dans le néant. Certes, il s'agit d'une « mémoire des vaincus » qui ne cadre pas toujours avec les présupposés méthodologiques de Pierre Nora ou de Bernard-Henri Lévy, auteurs qui enterrent trop vite des types de mémoire qu'ils ne semblent simplement pas capables d'appréhender. Mais comme l'avait déjà indiqué Achille Mbembe[28], par exemple, en parlant du Cameroun, définir et reconstruire l'histoire impose chez les peuples en situation de défaite le recours à la « mémoire du village », aux témoignages oraux. Avec le corps et l'espace physique, ils se constituent chez Kourouma en des sites et des lieux alternatifs de mémoire qui permettent à divers sujets de se (re)situer dans le temps.

28. Achille Mbembe, « Pouvoir des morts et langage des vivants. Les errances de la mémoire nationaliste au Cameroun », *Politique africaine*, n° 22, 1986, p. 37-72.

En attendant le vote des bêtes sauvages ou le roman d'un « diseur de vérité »

SÉLOM KOMLAN GBANOU

« Les dictateurs deviennent le principe d'explication ultime de l'histoire[1]. »

La mémoire du présent

Je ne suis pas engagé. J'écris des choses qui sont vraies. Je n'écris pas pour soutenir une théorie idéologique, politique, une révolution, etc. J'écris des vérités, comme je les ressens, sans prendre parti. J'écris les choses comme elles sont. Comme le diseur de vérité... Je ne suis pas sûr d'être engagé[2].

Tels sont les termes par lesquels Kourouma justifie, à la parution de *En attendant le vote des bêtes sauvages*, sa démarche créatrice qui est de mettre les atouts de la fiction au service de la vérité historique, d'en faire une voie d'accès à la mémoire du présent, de traquer dans le merveilleux romanesque et l'invraisemblable du récit fictionnel la réalité du monde et des êtres, mais aussi de décliner sa propre histoire sous le masque des êtres de fiction. Kourouma se reconnaît dans la typologie de ses personnages plus ou moins chargés de ses réalités :

Les débuts de Maclédio, c'est un peu ma jeunesse. Ses expériences au début du roman sont un peu les miennes. Son voyage initiatique renvoie à mon errance personnelle. Koyaga en Indochine, c'est aussi moi. Les parcours de ces deux personnages sont les miens romancés[3].

---

1. Alain Vuillemin, *Le dictateur ou le dieu truqué*, Paris, Méridien Klincksieck, 1989, p. 16.

2. Ahmadou Kourouma, « Entretien avec Ahmadou Kourouma », propos recueillis par Thibault Le Renard et Comi Toulabor, *Politique africaine*, n° 75, 1999, p. 178.

3. *Ibid.*, p. 183.

En attendant le vote des bêtes sauvages est, de toutes les œuvres d'Ahmadou Kourouma, celle dont l'histoire est intimement liée à l'Histoire sociale et dans laquelle romanesque et réalité ne sont pas des univers autonomes clos que l'on pourrait facilement isoler l'un de l'autre. Dans ce roman, Kourouma porte à un niveau plus élevé le projet d'écriture du roman politique dont il a véritablement consacré l'avènement avec son chef-d'œuvre *Les soleils des indépendances*. Le roman choisit d'exprimer son temps, de faire le point sur le contexte politique du totalitarisme ambiant et des enjeux géopolitiques qui imposent aux différents peuples des conjonctures qui saturent la mémoire. La manière dont le roman redistribue les différents événements historiques de plusieurs nations et du monde dans les moments les plus significatifs de son passé et de son présent tels que les deux grandes guerres mondiales, la guerre froide, les guerres du Vietnam et d'Algérie, la francophonie et ses enjeux géopolitiques, la typologie des différents acteurs de la scène du monde, etc., propose un usage esthétique et sociopolitique de la mémoire du présent et de l'histoire. Même si Paul Ricœur estime que la narration implique la mémoire comme souvenir d'une histoire[4], pour l'écrivain, la question reste posée de savoir de quelle histoire la mémoire se souvient, car la mémoire, qu'elle soit individuelle ou collective, est sujette à des contradictions, à des reconstructions, à l'oubli, au non-dit et à l'indicible[5]. La présente analyse se propose de confronter la fiction littéraire au réel, de soumettre le textuel à son contexte d'élaboration, car les deux territoires dans le processus de la création littéraire, comme le démontre Dominique Maingueneau, sont indissociables[6], ce qui suppose, dans l'approche du texte, une rhétorique du *dit* dans laquelle se déplie une autre rhétorique : celle du *dire*. La démarche voudrait établir une filiation, une porosité entre le texte et son extérieur pour dégager comment le paradigme de l'histoire trouve son expression dans l'œuvre. D'une manière générale, même si le

---

4. Voir Paul Ricœur, *Temps et récit*, Paris, Seuil, 3 vol., 1983-1985.

5. À propos de l'indicible, une précision s'impose. Le terme ne renvoie pas à ce que l'on ne peut pas dire, à un non-dicible tel que les différentes études le définissent généralement. L'indicible s'entend ici : ce dont on ne tient pas compte dans le lieu du discours.

6. « Œuvre et société sont mises en relation sans que l'on quitte la conscience de l'auteur. Dans cette perspective, le style n'est pas tant un ensemble de procédés, comme dans la lignée de la rhétorique, que l'expression d'une vision du monde singulière qui donne accès à une mentalité collective. Chaque œuvre constitue un univers clos, incommensurable à tout autre, en qui s'opère une double réconciliation : entre la conscience de l'auteur et le monde, mais aussi entre l'extrême subjectivité de l'auteur et l'universalité de son époque », Dominique Maingueneau, *Le contexte de l'œuvre littéraire*, Paris, Dunod, 1993, p. 5.

motif de l'histoire est partout présent dans l'œuvre de Kourouma, son interprétation reste délicate en raison du jeu de camouflage auquel se livre l'écriture comme réinvention et reconfiguration, à moins de se résoudre à la lecture de certains documents historiques et de procéder à leurs déclinaisons et variations dans le texte. Par contre, dans le troisième roman de l'auteur du *Diseur de vérité*[7], il semble assez aisé de relever les indices historiques à travers les pulsions et le pathos de puissance des protagonistes dont les actes régissent le cours du monde, tant ces indices sont partout disséminés en fragments explicites dans l'économie narrative du récit pour constituer un puzzle qui dit la grande Histoire : celle du monde, celle des dictatures dans le destin de leurs peuples. Le dictateur est une figure historique, un mythe politique qui polarise sur sa personne les ressources de la pensée sociale et anthropologique, de la vision de la temporalité métaphysique : le passé, le présent et le futur. Figure emblématique de l'État postcolonial, le dictateur est un héros négatif qui force l'admiration et la sympathie autour de son statut de « chef », de président dont les représentations dans la littérature africaine sont multiples. Dans son pamphlet *Vive le président*[8], Daniel Ewandé ironise sur le statut du grand président qui, même s'il est un grand homme, est loin d'être un homme du grand monde. Henri Lopès, dans *Le pleurer-rire*[9], en fait un personnage bouffon, cynique et sadique à travers le protagoniste peu commun du général Ideloy Hannibal Bwakamabe Na Sakkade dit Tonton. Maxime Ndebeka propose dans sa pièce *Le président*[10] les conséquences perverses que l'effet-président, le pathos du phénomène du « Star System en politique[11] », peut provoquer dans les consciences sociale et éthique du dictateur. C'est dire que l'histoire n'existe pas en dehors de lui, car il incarne aussi bien la mémoire du présent que les modalités de l'histoire telle qu'elle devrait exister pour conforter son mythe.

Kourouma circonscrit son œuvre aux incommensurables dimensions des dictateurs modèles de l'histoire africaine en tant qu'ils font et défont le cours des événements. Pour Comi Toulabor, *En attendant le*

---

7. Ahmadou Kourouma, *Le diseur de vérité*, théâtre, Châtenay-Malabry, Acoria, coll. « Scènes sur scènes », 1998.

8. Daniel Ewandé, *Vive le président*, Paris, L'Harmattan, 1985, p. 23.

9. Henri Lopès, *Le pleurer-rire*, Paris, Présence Africaine, 1982.

10. *Le président*, drame satirique en trois actes, Honfleur, P. J. Oswald, 1970, rééd. L'Harmattan, coll. « Encres noires », 1988.

11. Roger-Gérard Schwartzenberg, *L'État spectacle. Essais sur et contre le star system en politique*, Paris, Flammarion, 1977.

vote des bêtes sauvages «est une saga politique de l'Afrique contemporaine[12]», un gigantesque théâtre dans lequel évoluent des figures très
connues de l'Afrique dont les portraits, et les références totémiques et
spirituelles de leur pouvoir, trahissent plus la réalité qu'ils ne la camou-
flent. Ainsi le personnage de Tiékoroni, le président de la République
de la Côte des Ébènes au totem caïman renvoie au président ivoirien
Houphouët-Boigny, l'empereur Bassouma au totem hyène évoque
l'empereur Bokassa alors que l'Homme au totem léopard se rapporte
à Mobutu Sese Seko, le président du Zaïre. Kourouma s'explique lui-
même sur la conscience de la mémoire du présent dont se voit chargé
son récit :

> J'ai voulu écrire ce roman avec ces noms [Sékou Touré, Houphouët-
> Boigny, Bokassa, Mobutu], mais mon éditeur m'en a dissuadé. Selon lui,
> cela risquait d'entraîner de graves conflits juridiques. J'ai voulu alors con-
> server quelques-uns, tels Houphouët-Boigny, Mobutu, Hassan II, Bokassa…
> Cela n'a pas marché non plus. J'ai gardé toutefois certains de leurs totems :
> le léopard, le caïman, l'hyène, etc. Officiellement, il ne s'agit pas de diri-
> geants africains[13].

Même si, sur le plan de la fiction, le roman se joue dans l'imaginaire
République du Golfe, il se voit instillé d'un regard kaléidoscopique
qui, d'une part, couvre un espace géographique hétérogène allant de
l'Afrique subsaharienne au Maghreb, qui, de l'autre, dévoile des pratiques magico-religieuses du pouvoir telles que l'actualité politique les
donne à vivre dans la plupart des pays africains avec des magiciens au
service des chefs d'État, certains ayant même rang de ministre d'État[14].
Ainsi, le fameux marabout Bokano Yacouba rassemble tous les traits
du marabout de l'ex-président nigérien Senyi Kountché, Oumarou
Amadou Bonkano[15].

---

12. «Entretien avec Ahmadou Kourouma», *loc. cit.*, p. 178.

13. *Ibid.*

14. L'exemple le plus connu en Afrique est celui du Malien Amadou Cissé, marabout
du président béninois Mathieu Kérékou, dénoncé par la Conférence nationale du Bénin
(19-28 février 1990) pour détournement. Arrêté en Côte d'Ivoire par le régime de Nicéphore
Soglo, Amadou Cissé a été jugé et condamné au Bénin. Très informé de la situation politique en Afrique, Ahmadou Kourouma s'est inspiré de cette réalité postcoloniale du spirituel comme caution du pouvoir politique ; il le signale dans son interview : «La magie
n'est pas quelque chose de secondaire dans le paysage politique, et le pouvoir ne s'exerce
pas sans la magie. Tout le monde sait aujourd'hui que le président béninois Mathieu
Kérékou avait un magicien, élevé au rang de ministre d'État et détenteur d'un passeport
diplomatique» («Entretien avec Ahmadou Kourouma», *loc. cit.*, p. 180).

15. Kourouma confirme ce soupçon dans son «Entretien avec Ahmadou Kourouma»,
ibid., p. 179.

Kourouma ne s'y méprend pas : « S'il est un dieu, un dictateur ne peut être au mieux qu'un dieu factice, malade ou pervers, ou, si l'on préfère, un dieu truqué, un dieu politique[16]. » Et c'est dans ce paradoxe du tout et du rien, du conducteur et du destructeur de peuples, du chasseur d'humains et du guide que se situe Koyaga, le personnage le plus réel de l'œuvre de Kourouma, que la critique n'a pas hésité à assimiler à Éyadéma, l'ex-président du Togo.

Le réel et son double : *Il était une fois… Éyadéma*

En 1976, les éditions ABC (Afrique Biblio Club) lancent une collection de l'histoire contemporaine autour de grandes figures qui ont, d'une certaine manière, remodelé l'histoire de leurs nations. La collection qui est une bande dessinée est dénommée « Il était une fois… » et compte à son catalogue, en quatre années d'existence (1976-1980), seize monographies[17] ; la première était consacrée au guide de la Révolution togolaise Gnassingbé Éyadéma. Lancé avec un rare battage médiatique par les thuriféraires du parti unique, le RPT (Rassemblement du peuple togolais), l'ouvrage s'inscrit dans la campagne hagiographique pour une histoire réinventée du Togo sous Éyadéma dont le mythe était en plein essor[18]. L'ouvrage, intitulé *Il était une fois… Éyadéma. Histoire du Togo*, réalisé sur le modèle de Tintin et Milou de Hergé, imprimé comme de raison à Tournai chez Casterman, avec un scénario de Serge Saint-Michel et des illustrations de Dominique Fagès, était devenu, après le *Livre vert* — bréviaire du parti unique —, le document le plus populaire au Togo, gratuitement distribué dans les services administratifs et privés, et dans les établissements scolaires. On y voit l'histoire du Togo schématiquement réduite à la figure d'Éyadéma, homme providentiel aux pouvoirs incommensurables, brillant élève, invincible

16. Alain Vuillemin, *op. cit.*, p. 17.

17. Certains des titres de la collection sont : *Il était une fois… Mobutu* (1977) ; *Il était une fois… Hassan II* (1979) ; *Il était une fois… Ahmadou Ahidjo* (1980) ; *Il était une fois… El Hadj Omar Bongo* (1980) ; etc.

18. Venu au pouvoir à la suite d'un coup d'État militaire perpétré le 13 janvier 1963 dans lequel fut tué le président du Togo indépendant Sylvanus Olympio, Éyadéma, démobilisé de l'armée française, ne semblait pas être prêt pour le pouvoir. Le 13 janvier 1967, il récidive son exploit et prend le pouvoir. Au mois d'août 1967, il crée, sous l'initiative de l'actuel premier ministre Edem Kodjo, le RPT, parti-état dont l'objectif clairement défini était d'affecter tout le peuple au fan-club du dictateur. En janvier 1974, un crash aérien dont il sort « indemne » renforce le mythe d'invincibilité de celui qui devint le Miraculé de Sarakawa (nom du village où eut lieu le crash) et le Père du Togo Nouveau.

lutteur, grand chasseur, incomparable soldat de l'armée française et stratège de génie dont la perspicacité et le sens de l'unité nationale ainsi que le patriotisme auraient sauvé le Togo de l'anarchie politique. La trajectoire biographique d'Éyadéma ainsi tracée et corroborée par d'autres publications telles que *Le Togo en général. La longue marche d'Éyadéma*[19], *Quand la maison de ton voisin brûle*[20], *Ce que je sais du Togo*[21] ou encore *Le soldat de la paix*[22], est de celles qui peuvent offrir un champ rêvé pour la littérature tant les prouesses de ce personnage hors norme prennent une dimension mythologique susceptible de conduire à des énoncés contradictoires à partir du même objet dans une perspective référentielle. Ainsi, *Il était une fois… Éyadéma* aura pour répondant toute une littérature de déconstruction et de reconfiguration qui ruse avec la contrainte et les absurdités d'une biographie officielle qui élève l'humain au rang de Dieu en en faisant un être inaccessible, une autorité incarnée, même si celui-ci semble se complaire dans un statut de *common man*. En dehors d'une immense littérature clandestine qui a circulé sous forme de tracts — le plus représentatif fut le «Dossier Black» —, se signalent des ouvrages comme le virevoltant pamphlet de l'ancien interprète d'Éyadéma, Andoch Nutepe Bonin: *Le Togo du sergent en général*[23]; l'ouvrage passionné de Jean Yaovi Degli: *Togo: la tragédie africaine*[24]; l'essai de sociologie politique de Comi Toulabor: *Le Togo sous Éyadéma*[25]; etc. Dans ces ouvrages, la fabulation de l'histoire est confrontée à l'écran d'autres représentations de l'histoire et à son parasitage par l'hypertrophie des constructions politiques.

C'est dans ce contexte d'émiettement du mythe qui cherche à dégager une dynamique constitutive de la pensée sociale que paraît le troisième roman de Kourouma, *En attendant le vote des bêtes sauvages*, qui a entièrement pris forme au Togo. L'œuvre est le résultat de plusieurs années d'observation au Togo où Kourouma a exercé ses fonctions d'actuaire et a pu apprécier, au croisement du mythe et du

---

19. Claude Feuillet, *Le Togo en général. La longue marche d'Éyadéma*, Paris, ABC, 1976.

20. Georges Ayache, *Quand la maison de ton voisin brûle. Éyadéma et la politique extérieure du Togo*, Paris, ABC, 1983.

21. Gnassingbé Éyadéma, *Ce que je sais du Togo*, entretien avec Jean-Louis Remilleux, Paris, Lafon, 1993.

22. Sénouvo Agbota Zinsou, *Le soldat de la paix*, pièce de théâtre lauréate du concours littéraire Gnassingbé Éyadéma, 1983, tapuscrit, 104 pages.

23. Andoch Nutepe Bonin, *Le Togo du sergent en général*, Paris, Lescaret éditeur, 1983.

24. Jean Yaovi Degli, *Togo: la tragédie africaine*, Ivry-sur-Seine, Éditions Nouvelles du Sud, coll. «Les Afriques», 1996.

25. Comi Toulabor, *Le Togo sous Éyadéma*, Paris, Karthala, coll. «Les Afriques», 1986.

réel, l'impossible référentiel qu'est devenue la figure d'Éyadéma, son ancien compagnon d'armes dans l'armée coloniale française, au centre de l'histoire du Togo dans la configuration géopolitique de l'après-deuxième guerre mondiale. Le roman se prête à une lecture politique de l'histoire du Togo — avec en contrepoint celle du continent africain dans ses rapports avec l'appareil (néo)colonial français — qui pourrait être assortie de deux hypothèses d'analyse : 1. La typologie du personnage de Koyaga emprunte aussi bien au mythe de *Il était une fois… Éyadéma* qu'aux biographies parallèles nées de la contestation du mythe ; 2. Le projet littéraire du donsomana est une parodie des Conférences nationales qui, contre toute attente, ont permis aux différents dictateurs de reprendre le pouvoir qui leur échappait.

Héraut et sujet de l'histoire

Le premier indice d'inscription de *En attendant le vote des bêtes sauvages* dans l'histoire sociopolitique se donne à lire dans la configuration du protagoniste principal du récit, Koyaga, en qui la critique n'a pas hésité à voir la figure d'Éyadéma. Digne descendant des hommes nus des tribus paléonégritiques, Koyaga, fils de Tchao et de Nadjouma, est né dans les montagnes de Tchitchao dans des conditions particulières. Non seulement est-il le produit d'un viol ritualiste mais ses deux parents sont des références en milieu paléonégritique. Son père, champion inégalé de lutte, ancien tirailleur décoré de toutes les médailles du Mérite militaire de l'armée française devra, pour connaître la virginité de Nadjouma, véritable tigresse, championne de lutte dans toutes les contrées, et de surcroît femme spirituelle du génie de la géomancie Fa, parvenir à la terrasser, à la vaincre, à la violer « loyalement » et symboliquement. De ce « rapt-mariage » (*E*, 42) naîtra Koyaga, après une grossesse fort mouvementée qui sort du naturel. Le jeune garçon avait sept ans quand mourut, dans des conditions exécrables, son père embastillé dans les geôles de l'administration coloniale après avoir combattu pour la mère patrie la France, à l'instar du vieux Méka dans *Le vieux nègre et la médaille*[26]. Protégé par les connaissances ésotériques du plus grand marabout que connaît la République du Golfe, Bokonon Yacouba, détenteur d'un coran mystique, béni par les pouvoirs d'une mère qui possède les secrets de la géomancie et une météorite, Koyaga,

---

26. Ferdinand Oyono, *Le vieux nègre et la médaille*, Paris, Julliard, 1956.

enfant pas comme les autres, eut son avenir tout tracé car il était « de la race des bien nés que l'épervier pond et que le corbeau couve » (*E*, 67). Très vite, il devient l'incarnation de son père : imbattable lutteur aux instincts grégaires, il est un prodigieux chasseur pour qui l'école ne peut avoir la moindre importance. Après le certificat d'études difficilement acquis, la France, pour purger sa dette envers le fils du vaillant tirailleur Tchao qui avait réussi pendant la Grande Guerre à éventrer cinq Allemands et à qui l'on doit l'honneur d'avoir introduit l'habillement parmi les paléos, inscrit Koyaga à l'école des enfants de troupe de Kati au Soudan français. Koyaga s'illustre rapidement par son sens poussé de l'indiscipline et de la sauvagerie, ce qui lui valut une mutation à l'école des enfants de troupe de Saint-Louis. L'instinct des hommes nus, redoublé par la nostalgie des luttes et des chasses initiatiques, en fit un danger pour toute cette école. Le fils de Tchao se voit alors recruté comme tirailleur sénégalais de deuxième classe. Ainsi commence la carrière militaire et politique du « plus lettré des paléos, des hommes nus de nos montagnes » (*E*, 29). Aidé par la sorcellerie de sa mère, Koyaga est devenu « un héros de légende de l'armée française » (*E*, 38-39) dont les faits d'armes sont uniques. Il guerroya seul « pendant huit semaines entières contre des régiments de Viets » (*E*, 38) traînant dans ses métamorphoses deux « plantureuses » (*E*, 39) prostituées à qui il sauva la vie, avant de continuer, plus tard, ses exploits en « Algérie où les Français avaient ouvert un nouveau chantier de guerre coloniale » (*E*, 68).

Pendant ce temps, dans son pays natal, la République du Golfe, la lutte anticoloniale s'intensifie et le pays accède à l'indépendance sous l'autorité de Fricassa Santos, un métis brésilien. Rentré de ses opérations de salubrité politique au service de la France, le démobilisé Koyaga entend intégrer avec ses camarades d'armes, tous des paléos, la jeune armée de son pays. Mais Fricassa Santos, contrairement aux « autres pères de la nation et de l'indépendance » (*E*, 81), n'était pas une invention de De Gaulle et de la France, et n'entendait nullement recruter dans son armée « des mercenaires paléos » (*E*, 81) qui avaient tué leurs frères vietnamiens et algériens, qui avaient combattu contre la liberté et la libération des peuples dominés. Koyaga mobilisa ses frères paléos encore nostalgiques des bains de sang dans les rizières vietnamiennes et sur les fronts algériens pour un putsch militaire qui coûta la vie au président de la jeune république, malgré ses puissances ésotériques. Koyaga, après quelques hésitations, deviendra par la suite le guide suprême dont le pouvoir sans partage sera source d'exil pour ses concitoyens, de délabrement du tissu social, d'une rare violence politique.

Le portrait que propose Ahmadou Kourouma de son personnage, par certaines interférences avec le réel, engage forcément des considérations extratextuelles qui postulent, en arrière-plan, un intense travail documentaire dans l'économie narrative de l'œuvre. Les premiers indices peuvent être fournis par la fameuse bande dessinée *Il était une fois... Éyadéma*, qui apparaît comme un instrument pour décoder la complexe figure de Koyaga créée par rapport à un contexte sociopolitique dont elle réactualise l'intertexte. Ce personnage synthétique conjugue dans ses pulsions des événements qui composent ce que Comi Toulabor appelle «la légende Éyadéma[27]» faite de mythifications et de surenchères de l'histoire du Togo. Dans la bande dessinée qui, visiblement, a servi de référence à la construction du personnage de Koyaga, Gnassingbé, le père d'Éyadéma, apparaît en milieu kabye comme une figure charismatique dont la carrure, la force et la bravoure suscitent l'admiration. Convoqué par l'administration coloniale pour des travaux de construction de routes, il semblait avoir deviné le sort qui l'attendait, aussi prodigua-t-il à son unique fils avant le départ des conseils de bonne tenue : «Je pars travailler sur la route coloniale, Éyadéma. Quoi qu'il arrive, essaie de devenir quelqu'un de grand !... et un homme sage, n'oublie pas ![28]» Sur la route coloniale, Gnassingbé proteste contre les conditions inhumaines de travail auxquelles lui et les autres travailleurs sont soumis. Les gardes-chiourmes ripostent ; s'ensuit une bataille farouche au cours de laquelle, «épuisé par le travail, Papa Gnassingbé faiblissait malgré sa force prodigieuse[29]». Il trépassa sous les coups de crosse et de massue non sans avoir démoli un grand nombre de ses adversaires. L'histoire de Gnassingbé dans *Il était une fois... Éyadéma* est subrepticement évoquée — quatre pages sur son altercation avec les soldats français — pour ne pas en faire une ascendance dont le fils dépendra, car le héros est et doit demeurer unique. Le récit de Kourouma insiste avec emphase sur le parcours de guerrier et de tirailleur exemplaire du père pour justifier l'héritage de Koyaga ; il met la fin atroce de l'*éveléma* Tchao au compte de la punition des dieux pour cause de trahison, dans le but de garantir la permanence du mythe de la famille des «bien nés».

27. Comi Toulabor, *Le Togo sous Éyadéma*, op. cit., p. 30 et suiv.
28. *Il était une fois... Éyadéma. Histoire du Togo*, op. cit., p. 3.
29. *Ibid.*, p. 5.

Si dans *Il était une fois… Éyadéma*, la mère du guide suprême, Maman Ndaninda, est passée sous silence, elle est devenue dans le paysage politique et religieux du Togo, comme dans le récit de Kourouma où le sora chante son panégyrique, un personnage de grande importance. Partant des conditions dans lesquelles Éyadéma éleva en janvier 1980 sa mère à la dignité de la Grande Croix de l'Ordre du Mono (la plus haute distinction au Togo), Comi Toulabor démontre comment, pour avoir engendré un « saint homme », Maman Ndaninda est devenue « Ena Maria », une incarnation de la Vierge Marie, dont la sépulture recevra d'ailleurs en août 1985 la bénédiction du pape Jean-Paul II :

> Reposant depuis sa mort en 1984 dans une sépulture d'un grand luxe qui a reçu la bénédiction papale en août 1985, elle attire à Piya plus de pèlerins que jamais. Elle est en voie devenir un troisième mythe montant dans l'édification du régime Éyadéma après le meurtre d'Olympio et l'accident de Sarakawa.
>
> Parce que Piya est devenu le lieu de culte à la mère comme Sarakawa l'est pour le fils, un intellectuel kabiye peut se permettre de faire dériver le nom de ce lieu saint du latin, d'y voir le féminin de « *pius* » (pieux)[30]

Avant cet évhémérisme, l'importance de la mère d'Éyadéma fut si grande qu'elle s'impose sur tous les plans de la vie sociopolitique au Togo et à plusieurs écrivains de cour tels Anani Kouma-Akakpo Ahianyo[31], Koffi Gomez[32] ou Sénouvo Zinsou qui, dans sa pièce hagiographique, fait l'éloge le plus militant d'une mère consentant à sacrifier son fils unique pour le devenir de son peuple :

> La Mère : Aujourd'hui tu es à moi, entièrement à moi, comme si je venais de t'engendrer une nouvelle fois. Car mes entrailles ont été secouées il y a quelques heures et j'ai ressenti des douleurs comme celles de l'enfantement. J'étais entre la vie et la mort à cause de toi. Mais tout est accompli. Je t'ai engendré. Maintenant mes entrailles sont tranquilles. Je suis auprès de toi et tu respires. Je veux entendre ton souffle, doucement dans le silence de la nuit. Je veux mêler ma chaleur à ta chaleur, assise près de toi. Oh, combien je voudrais à cette heure te garder près de moi, pour longtemps, pour que tu n'appartiennes à personne d'autre qu'à moi, pour que tu redeviennes mon bébé que je porte au dos, solidement attaché à mon

---

30. Comi Toulabor, *op. cit.*, p. 306.

31. Dans son recueil de poèmes *Au hasard de la vie* (Lomé, NEA, 1983), Anani-Kouma Akakpo Ahianyo, alors ministre des Affaires étrangères d'Éyadéma, écrit un pseudo-poème intitulé « Maman Ndaninda » (voir p. 8).

32. Voir le tapuscrit *L'odyssée de Nkassibou. Drame historique en douze tableaux*, théâtre, deuxième prix du concours littéraire « Prix du Président de la République », 1987.

dos, ta peau contre ma peau, ton souffle à mon souffle uni. Mais je sais que le temps sera court. Tu appartiens à ton peuple. Demain donc je te rendrai au peuple à qui tu es lié, selon l'ordre donné. Je sais qu'il attend. Déjà massé autour de la maison, sur les places publiques, dans la rue, partout dans ce village et dans les autres villes et villages de notre pays, il attend ton message, il espère la bonne nouvelle. Demain tu lui parleras[33].

Les différents faisceaux du discours social, politique et religieux résolument engagés dans la construction d'une image divine de la mère visent, en premier lieu, à la divinisation du fils providentiel. Telle est la dimension mythique du héros Koyaga en qui tout le peuple paléo voit l'image sacralisée de la vénérée mère Nadjouma — force motrice et magique — qui porte les exploits de son fils au front:

> Le corps expéditionnaire d'Extrême-Orient ne sut pas que la maman de Koyaga, Nadjouma, avait été l'artisan de son exploit. Dans les montagnes à Tchaotchi, tout le monde le savait, le disait; personne n'en doutait. En tête de ceux qui accueillirent Koyaga à sa descente du courrier postal dans les montagnes, se tenait sa mère. Elle fut plus félicitée que son fils pour l'exploit. C'était grâce à la magie de sa mère, une partie de la magie léguée par la mère au fils, que Koyaga avait pu sauver sa section et les prostituées casablancaises. (E, 40)

Le récit, même dans sa dimension carnavalesque, implique des présupposés de l'histoire sociale où ce qui se construit dans l'imaginaire appelle en écho un répondant référentiel. Et si le roman tente d'entériner le mythe de l'invincibilité du futur « guide suprême » sur les champs de bataille, mythe dont les fondements contenus dans *Il était une fois... Éyadéma* vont s'amplifier par la suite à travers les slogans des « Animateurs de la Révolution togolaise » (ARETO), le roman marque comment le monde, dans ses jeux de pouvoirs, est producteur de sa propre fiction. Les images de la bande dessinée montrent le sergent Étienne Éyadéma à la tête d'une patrouille de reconnaissance dans le désert algérien; attiré par un berger qui faisait paître ses moutons, il se souvient de son enfance au village et décide d'approcher ce « collègue ». De l'autre côté de la crête, deux bédouins embusqués le fusillent à bout portant... Éyadéma s'en sort sans la moindre blessure : « Eh non ! Je suis tout ce qu'il y a de plus vivant et sans une égratignure... un vrai miracle ![34] » lance-t-il triomphal à ses camarades.

---

33. Sénouvo Agbota Zinsou, *Le soldat de la paix*, théâtre, premier prix du concours littéraire « Prix du Président de la République », tapuscrit (143 pages), 1987, p. 107.

34. *Il était une fois... Éyadéma. Histoire du Togo, op. cit.*, p. 14.

Au principe du mythe de l'homme providentiel se trouve un parcours programmé dans lequel les différentes circonstances qui peuvent intervenir ne tiennent qu'un rôle de catalyseur. La fabulation idéologique de l'histoire personnelle du personnage d'Éyadéma justifie sa rancœur à l'encontre du régime de Sylvanus Olympio — son prédécesseur — par le refus de celui-ci d'avaliser, à trois reprises, la candidature d'Éyadéma à l'École d'officiers de Fréjus en France, laquelle forme au certificat interarmes (l'examen le plus élevé pour les sous-officiers). Le futur président voit dans ce refus une politique de « division ethnique » qui servira d'alibi majeur à l'assassinat de son prédécesseur : « Tout est donc réuni pour qu'éclate une crise. Et comme le chef de l'État Sylvanus Olympio pratique l'autoritarisme, la crise ne peut trouver sa solution que dans la violence[35]. » C'est sur ces notes bellicistes que le personnage d'Éyadéma rentre au Togo où il ne tarde pas à commettre sa forfaiture. Le récit de *En attendant le vote des bêtes sauvages* renchérit sur la version officielle largement commentée par les biographes d'Éyadéma en précisant que Koyaga et ses collègues postulèrent, à leur retour au pays, pour des postes réservés que le gouvernement destinait aux acteurs de la résistance. Le refus du trésorier national de la République du Golfe de verser aux démobilisés leurs pensions alimentaires fut le détonateur de l'acte fatal :

> Koyaga se fâche ; fou de rage, il bondit de sa chaise, se jette au cou du directeur de cabinet, l'étreint. Il est sur le point de l'étrangler. Les autres tirailleurs s'interposent, les séparent, le tirent. Le directeur de cabinet tombe de la chaise à demi inconscient. Koyaga, tenu par ses collègues, bave de colère, continue de vociférer.
> — Laissez-moi faire ! Laissez-moi faire ! Je le tuerai, je vais le tuer. Après, j'irai à la Présidence. J'irai réclamer au Président l'argent que nous avons gagné avec notre sang. (*E*, 80)

On remarquera, par ailleurs, que loin de céder aux charmes de la biographie officielle, Kourouma nourrit son texte de plusieurs indices intertextuels empruntés à des documents « non officiels », notamment au document ronéotypé « Étienne Éyadéma : biographie non officielle » paru à Paris dans le magazine clandestin *Black*, livraison du mercredi 5 juin 1985, sous forme de tract devenu au Togo un secret de polichinelle. L'écriture se situe dans cette épreuve : faire le point entre deux polarités du même sujet, respectivement entretenues par une rhétorique d'État

---

35. Voir *ibid.*, p. 19.

fossoyeuse de légendes et par une rhétorique de contestation encline à un portrait pathologique de son objet. Ainsi, entre l'image de surdoué que donne l'ouvrage de propagande politique *Il était une fois… Éyadéma*, dans lequel l'instituteur de l'école protestante du village ne tarit pas d'éloges : « Ce mois-ci, c'est encore Éyadéma qui a le mieux travaillé. Je voudrais que beaucoup d'entre vous l'imitent[36] » et le portrait parallèle d'élève peu doué que donne l'histoire populaire :

> Dans cette région du Togo, ils étaient encore peu nombreux, les notables qui avaient compris l'utilité de l'école. Les chefs y envoyaient de préférence les enfants de leurs adversaires, ceux des pauvres ou ceux qui étaient soup-çonnés d'être des sorciers en puissance. Le chef Assih n'hésita donc pas à joindre au lot le jeune orphelin abandonné [Éyadéma]. Hélas, neuf ans après, Étienne en était encore à tripler le cours élémentaire première année. Il fut exclu de l'école en 1952, pour « fainéantise et voyoucratie »[37]

l'écriture opère par un recyclage de toutes les informations pour créer sa propre iconographie du personnage de Koyaga. Ni surdoué ni peu doué, Koyaga n'a jamais pu comprendre la nécessité de l'école et ses absences saisonnières du lieu de formation se lisent comme le para-digme de son penchant naturel pour le métier des armes. Mais, par-delà le pari d'objectiver aussi bien l'intertexte officiel que le non officiel, l'écriture ne manque pas d'évoquer les pulsions haineuses et hargneuses du personnage pour permettre au lecteur de décrypter, rétrospectivement, l'allusion au réel. Ainsi, les motifs profonds qui sont à l'origine de l'assassinat de Fricassa Santos rejoignent ceux qui, dans le champ politique togolais, ont conduit, selon Robert Cornevin, à l'assassinat de Sylvanus Olympio :

> Mi-soldats et mi-chômeurs à l'avenir incertain, impatients de leur soudaine inactivité, il se posait à eux le problème de leur place dans la cité alors même qu'ils étaient persuadés que leur sort ne dépendait que d'une déci-sion politique. Ils n'avaient trouvé sur place aucun groupe, aucune organi-sation, aucun syndicat, aucun parti politique pour prendre en charge leurs doléances[38].

Plusieurs sources entérinent cette version dont François-Xavier Verschave[39] a reconstitué le récit à partir des témoignages de la femme

---

36. *Ibid.*, p. 7.

37. K. K., « Étienne Éyadéma : biographie non officielle », *Black*, 5 juin 1985, p. 2.

38. Robert Cornevin, cité par Comi Toulabor, *op. cit.*, p. 42.

39. François-Xavier Verschave, *La Françafrique. Le plus long scandale de la République*, Paris, Stock, 1998, p. 109 et suiv.

d'Olympio, de l'ambassadeur des États-Unis au Togo au moment des faits, Léon Poullada, et des documents historiques de l'époque. La version fictionnelle, par Kourouma, des normes du réel multiplie les digressions — des scènes de combats ésotériques entre Koyaga et sa future victime — mais reste fidèle aux détails importants : le lieu de la forfaiture (l'enceinte de l'ambassade des États-Unis, contiguë à la résidence présidentielle), la complicité de la France, le décrochage des gendarmes chargés de la garde du président[40].

Il ne s'agit pas pour Kourouma de céder à l'artifice relativement facile de l'histoire non officielle de l'accession de son modèle référentiel Éyadéma à la magistrature suprême mais de placer son écriture sous le signe de la réinvention, de trouver une parole littéraire qui constitue un lieu de recouvrement du référentiel dans la simple logique textuelle. Et même si le récit se fonde sur des renvois explicites, il ne reste fidèle ni aux versions officielles ni à la rhétorique de négation de l'histoire falsifiée car, pour donner plus d'épaisseur à son personnage, le romancier procède volontiers à une mise en intrigue renouvelée de toutes les anecdotes, et surfe sur les détails affabulés qui, dans la réalité, portent Éyadéma dans le périmètre de l'absolu ou en font un dictateur atypique.

La «biographie non officielle» entérine l'hypothèse de la misère financière, de la précarité et de l'incertitude évoquée par Robert Cornevin et Comi Toulabor, mais avec des détails qui serviront de matière à l'hypothèse formulée par la fiction. Selon K. K., l'auteur de cette contre-biographie, c'est à la suite des accords d'Évian du 19 mars 1962 qui mettaient fin à la guerre d'Algérie que la France décida de renvoyer dans leur pays d'origine les tirailleurs car elle n'en voyait plus l'utilité. «Étienne fut donc envoyé à Ouidah, où il servit quelque temps comme cuisinier avant d'être libéré, avec une indemnité de 300 000 francs CFA (456,64 €). Il n'avait pas fait le nombre d'années nécessaires pour prétendre à la pension de l'armée française[41].» Le récit ajoute que le futur président dilapida son pécule dans le jeu et des investissements peu rentables comme l'achat d'un moulin à huile. Dans son roman,

---

40. Dans les documents d'archives repris par différents chercheurs, tels Comi Toulabor, Gilles Labarthes (*Le Togo, de l'esclavage au libéralisme mafieux*, Marseille, Agone, 2005), Têtêvi Godwin Tété-Adjalogo (*Histoire du Togo. La palpitante quête de l'Ablodé : 1940-1960*, Paris, NM7 éditions, coll. «Libre Afrique», 2000), le curieux décrochage des gendarmes s'explique par le fait que la gendarmerie togolaise, à l'époque, était sous l'administration du commandant Georges Maîtrier. Voir notamment Gilles Labarthes, p. 46-49.

41. K. K., «Étienne Éyadéma : biographie non officielle», *loc. cit.*, p. 3.

Kourouma fictionnalise à sa manière ces éléments sans pour autant passer sous silence le goût du gâchis de son personnage. Koyaga, une fois son brasier de l'Extrême-Orient éteint et une fois son pécule d'ancien combattant d'Indochine empoché, ne voulait plus se réengager dans un «nouveau chantier de guerre coloniale» car avec les 100 000 francs CFA (152,21 €) d'indemnité qui constituaient une fortune jamais rêvée, il rejoint vite les montagnes pour des fêtes de prestige et ne retournera en Algérie qu'une fois sa fortune épuisée, criblé de dettes.

Un autre point tout aussi important dans la convergence de l'histoire fictionnelle de Koyaga vers celle de son référent est, en dehors de la passion du pouvoir, de la conception démiurgique et sacralisée du pouvoir[42], la dimension herculéenne du personnage qui se justifie dans la littérature informelle comme un instinct de prédation et dans l'histoire institutionnelle comme actes de bravoure, de délivrance du peuple — dualité que le récit romanesque exploite judicieusement pour créer la geste du «grand président». Que ce soit l'assassinat de Fricassa Santos par Koyaga dans l'univers fictionnel ou celui de Sylvanus Olympio dans l'histoire politique, il s'agit du premier coup d'État militaire survenu en Afrique francophone. Cependant, dans les deux cas, l'acte de l'assassinat, loin de constituer une hypothèque pour la vie politique et l'histoire du pays, s'interprète comme un geste de délivrance par lequel les personnages d'Éyadéma et de Koyaga légitiment leur pouvoir. Selon Comi Toulabor, c'est par l'assassinat d'Olympio qu'Éyadéma signe son émergence sur la scène politique, dont il va considérablement manipuler les données pour en réécrire subjectivement l'histoire sur un fond de perversion et de dévoiement de l'imaginaire social, à la seule fin «d'épurer le passé de ses avatars, d'engendrer de nouveaux mythes et symboles et de parer le pouvoir politique de grandeur et de candeur spectaculaires[43].» Le quotidien gouvernemental *Togo-Presse* pouvait, dans sa livraison du 26 janvier 1975, affirmer que le coup de force du

---

42. Le slogan politique d'Éyadéma, amplement repris dans les rhapsodies des «Animateurs de la Révolution Togolaise» ainsi que dans les documents hagiographiques, est : «Si ce que je fais est bon, que Dieu me laisse continuer. Si ce que je fais est mauvais, que Dieu me barre la route.» Cette formule sera citée par le colonel Assila, chef d'état-major des Forces Armées Togolaises (FAT) le 23 novembre 1978 pour dénoncer, devant les officiers de l'armée, la découverte d'une conjuration intérieure au sein de l'armée à propos d'une tentative de coup d'État et il ajouta : «Ce qu'il fait [Éyadéma], c'est Dieu qui l'éclaire. Ce n'est ni moi ni vous», *La vérité sur les complots contre le peuple togolais et son guide et le général Éyadéma. Le Livre blanc*, préface de Kpotivi T. D. Laclé, Paris, ABC, 1978, p. 71.

43. Comi Toulabor, *op. cit.*, p. 30.

13 janvier 1963 signait la renaissance de la nation togolaise, car loin d'être un coup d'État, il s'était agi d'un « coup de salut », d'où les noms de Timonier national et de Sauveur dont se voit affublé le référent de Koyaga. Aux yeux des auteurs de la bande dessinée *Il était une fois… Éyadéma*, de Claude Feuillet, de Georges Ayache et des biographes d'Éyadéma engagés dans la contrefaçon de l'histoire du Togo, le coup d'État marquait la naissance du « Togo Nouveau », du « New Deal », de « La Nouvelle Marche »[44].

Mais avant d'en arriver là, Éyadéma avait, dans un premier temps, laissé le pouvoir à un comité insurrectionnel que dirigea le colonel Dadjo, le plus haut gradé de l'armée. Tous ces éléments sont convoqués par Kourouma avec dérision et banalisation dans une écriture de chroniqueur et d'archiviste, souvent avec comme point focal ce que la « biographie non officielle » nomme « l'attirance pour le sang », qui sera la particularité du futur guide suprême. Le Comité de salut public, par lequel Koyaga prospecte le terrain politique, est dirigé par le colonel Ledjo, le plus instruit de la bande, qui a accompli de bonnes études en théologie, en littérature et en philosophie, dans un séminaire où il manqua de peu l'ordination pour cause d'adultère. Koyaga devrait mettre ce temps à profit pour vaincre sa timidité, pour se construire un « look de président », en se débarrassant de ses « scarifications rituelles et tribales » (*E*, 102) dont il éprouve une certaine gêne, surtout qu'il « lisait péniblement et écrivait difficilement » (*ibid.*).

Le donsomana : la chasse et ses parodies

Si, par la prégnance de l'intertexte sociopolitique, le roman de Kourouma se veut une abjection du sublime, il a ceci de particulier qu'il oppose la réalité historique à l'histoire de la réalité, réalisant et exprimant ainsi la démesure, recherchant et exposant l'irréductibilité du réel pour se définir et se situer dans la perspective esthétiquement valide des événements dont les tracés ouvrent une réflexion sur la sociologie du pouvoir politique en Afrique. Il se mesure à la qualité d'une écriture politique qui attire l'attention sur l'exigence d'un code social où priment le droit, la raison et une déontologie du pouvoir, car l'imaginaire de l'histoire de la République du Golfe, du soldat-chasseur-président

---

44. D'ailleurs, le quotidien *Togo-Presse* prendra le nom de *La Nouvelle Marche*, pour tourner définitivement la page du Togo d'avant Éyadéma.

Koyaga est un leurre qui trahit la recherche d'une écriture qui n'entend certes pas se faire dépositaire d'une histoire accomplie mais de l'histoire en train de s'écrire avec ses bourreaux et ses victimes. C'est dans ce sens qu'Aristote définit le poète, celui qui sait inscrire les événements vécus ou imaginés dans le registre du possible :

> À supposer même qu'il compose un poème sur des événements réellement arrivés, il n'en est pas moins poète ; car rien n'empêche que certains événements réels ne soient de ceux qui pourraient arriver dans l'ordre du vraisemblable et du possible, moyennant quoi, il en est le poète[45].

Mais comment Kourouma, dans *En attendant le vote des bêtes sauvages*, remplit-il cette fonction aristotélicienne du poète en répétant, en subvertissant et en réinventant l'histoire ? Deux hypothèses peuvent permettre de répondre à cette interrogation : la politique comme métaphore de la chasse, la geste du chasseur comme parodie des Conférences nationales africaines.

À la politique comme à la chasse

La première hypothèse se lit dans la conception que Kourouma propose de la politique qui n'est rien de plus que la chasse. Ainsi, comme l'écrit si bien Madeleine Borgomano, « la trouvaille extraordinaire de Kourouma, dans ce roman, est l'assimilation permanente de la chasse et de la politique, obtenue en faisant du président dictateur un maître et du roman une réécriture d'un chant de chasseur[46]. » Regroupés en association comme des chasseurs, les politiciens opèrent dans un espace inhumain non régi par une quelconque morale où le débutant aurait besoin de se former à l'expérience des maîtres pour s'initier aux réalités du terrain politique. Cette conception permet au récit d'opérer un va-et-vient entre la fiction de la chasse politique incarnée par Koyaga et l'histoire politique africaine : solidarité entre les dictateurs[47] et les méthodes de gouvernance[48] mises en place. La chasse comme

---

45. Aristote, *La poétique*, texte, traduction et notes par Roselyne Dupont-Roc et Jean Lallot, Paris, Seuil, 1980, chapitre IX, p. 67.

46. Madeleine Borgomano, *Des hommes ou des bêtes ? Lecture de* En attendant le vote des bêtes sauvages *d'Ahmadou Kourouma*, Paris, L'Harmattan, 2000, p. 24.

47. L'hebdomadaire satirique togolais *Kpakpa désenchanté* (1990-1997) avait proposé pour désigner cette solidarité entre dictateurs la formule de l'USYNDICTA (Union syndicale des dictateurs africains).

48. Le concept de gouvernance (*governance* en anglais) introduit dans le vocabulaire politique par l'ouvrage *Gouverner l'Afrique : vers un partage des rôles* (textes réunis par Goran

métaphore de la politique ouvre une alternative à l'histoire individuelle des dictatures, aux jeux de connivences qui se nouent entre les différents chasseurs, elle se constitue en dépôt au fond de la fiction, dans un au-delà de l'invention, pour dire le non-sens et le chaos qui gouvernent le monde et proposer les bases d'une poétique *du* politique et de *la* politique. De cette similitude sémantique se précise le jeu politique comme un champ de conflits, une chasse aux intérêts tel que Nikola Kovač l'explique dans son essai sur le totalitarisme :

> La langue anglaise distingue la politique (*politics*) en tant qu'art de gouverner, ou champ de conflits entre les individus, et les groupes partageant une «politique» (*policy*) différente — buts, objectifs ou philosophie. Le français fait la distinction entre *le* politique en tant que scène sociale où se confrontent des intérêts antagonistes, et *la* politique — lutte pour la conquête du pouvoir, action sociale menée par les élus, art de gouverner les hommes au sein d'une société organisée[49].

Si la politique ne diffère pas de la chasse, c'est qu'on trouve chez l'une et l'autre les mêmes méthodes de traque, partie de plaisir, élaboration de mythes, constitution de confréries, mise en relief de l'instinct prédateur de l'être, goût du sang. Les rencontres entre Koyaga et ses pairs se passent dans une atmosphère d'initiation à la politique-chasse où, en apprenti chasseur, il apprend les lois de la jungle politique. Son premier hôte, le dictateur au totem caïman, lui apprend, en quatre leçons, les lois fondamentales de la confrérie des présidents-chasseurs :

> La première méchante bête qui menace un chef d'État et président d'un parti unique dans l'Afrique indépendante de la guerre froide, [...] la première méchante bête qui menace au sommet de l'État et en tête d'un parti unique s'appelle la fâcheuse inclination en début de carrière à séparer la caisse de l'État de sa caisse personnelle. (*E*, 193-194)

> La seconde méchante grosse bête qui menaçait un chef d'État novice [...] était d'instituer une distinction entre vérité et mensonge. (*E*, 197)

> La troisième méchante bête qui menace au sommet de l'État et à la tête d'un parti unique consiste, pour le président, à prendre les hommes et les femmes qui le côtoient, qu'il rencontre, avec lesquels il s'entretient, comme culturellement ceux-ci se présentent. (*E*, 199)

Hyden et Michael Bratton, traduit de l'américain par Brigitte Delorme, Paris, Nouveaux Horizons, 1993 ; sous le titre *Governance and Politics in Africa*, Colorado, Lynne Rienner Publishers, 1992), traduit la méthode de gouverner, notamment en Afrique où la peur de l'alternance politique et des transformation sociales pousse à un monopole du pouvoir.

49. Nikola Kovač, *Le roman politique. Fictions du totalitarisme*, Paris, Michalon, 2002, p. 23.

Les adversaires politiques sont des ennemis. Avec eux, les choses sont simples et claires. [...] il ne peut exister deux hippopotames mâles dans un seul bief. On leur applique le traitement qu'ils méritent. On les torture, les bannit ou les assassine. (*E*, 200)

Les leçons du madré vieillard s'autorisent une mise en scène du personnage du «président» dans un théâtre d'illusions, ainsi qu'un degré d'essentialisation du pouvoir qui cumule mensonge, perversion et cynisme. Le vocabulaire animalier qui caractérise ce discours s'inscrit dans la logique de la chasse où le dictateur doit constamment être à l'affût pour ne pas se laisser surprendre par les fauves qui hantent son territoire. La visite auprès de l'empereur Bassouma («Veillée IV») se transforme en partie de chasse au cours de laquelle les deux présidents en apparat de chasseur visitent le parc impérial d'Akwaba. Mais, en lieu et place d'une chasse aux bêtes sauvages, ce seront les braconniers attroupés autour d'un éléphant mort que l'empereur prend pour cible (*E*, 224-225).

Intrigué par cette chasse facile et absurde, mais très inspiré par l'expérience d'une réserve devenue un cas d'école, Koyaga rentrera dans son pays avec en projet «une mecque pour les chasseurs» (*E*, 317), «la plus grande réserve de chasse de l'Afrique de l'Ouest» (*ibid.*), une écologie humanicidaire aux conséquences tragiques. Le régime d'une écriture à la fois synchronique et diachronique qui jouxte éléments référentiels et éléments fictionnels trouve ici une parfaite illustration.

Pour parvenir à cette fin, l'écriture se fait lieu de fusion, de complicité et de complémentarité entre le non-historicisé (la rumeur) et la surenchère de l'histoire par les tenants de l'ordre politique où l'image postulée, la *persona* de Koyaga, cherche à évincer l'image réelle du chasseur et du prédateur. Chacune des veillées propose une caricature du self-made-man, en dénonce la mécanique dans un récit de l'entre-deux qui cumule l'histoire populaire, comme défoulement et fantasme, et l'histoire idéologiquement construite à partir d'amputations, de restrictions et de constructions épiques où courage et héroïsme sont les grands traits distinctifs du héros pour renforcer la «production des apparences[50]», notamment celles de grand chasseur. La notion de grand président s'en trouve renforcée puisque c'est sous ce label de

---

50. Georges Balandier, *Le pouvoir sur scènes*, Paris, Balland, coll. «Le commerce des idées», 1980, p. 19.

chasseur porteur de mythe et d'absolu[51] que Koyaga, héros herculéen, « féroce tueur de bêtes » (E, 69), en débarrassant le peuple des monstres qui le hantent (« Veillée II »), s'impose comme l'unique libérateur — d'où les interminables « Merci, encore merci Koyaga, toujours merci » (E, 70-73) de toute la population en bon enfant de chœur. Ici encore, le rapport connoté que la fiction entretient avec le réel est bien prégnant, car le chasseur Koyaga est aussi le protecteur des bêtes. Le goût prononcé d'une écologie « humanicidaire » qui a caractérisé le règne d'Éyadéma se trouve subtilement convoqué par le récit comme une autre ligne de force de la fictionnalisation de l'histoire.

Dans le chapitre intitulé « Réserves et chasse gardée » de son ouvrage, Gilles Labarthes fait l'autopsie de cette écologie « humanicidaire » en montrant les enjeux qu'elle représente dans le parcours et l'institution-nalisation de la dictature au Togo[52]. Partant des études effectuées par Jean de Menthon selon lesquelles le Togo compte une trentaine de parcs nationaux, réserves naturelles ou forêts protégées dont l'étendue avoisine le neuvième de la superficie du pays[53], il en arrive à l'hypo-thèse que, prétextant la mobilisation mondiale pour la sauvegarde de la faune et de la flore, Éyadéma a créé des réserves pour son propre satisfecit, ses propres plaisirs de chasse auxquels sont souvent invités ses homologues européens, africains, etc. La vitrine écologique ainsi instituée avec des fonds d'aide de différents organismes internationaux a bien d'autres fonctions, celles notamment de faire oublier à l'étranger les actes de barbarie du régime et, sur le plan intérieur, de camoufler l'exploitation à des fins personnelles des gisements de ressources minières que couvrent ces zones où il y a d'ailleurs très peu d'ani-maux[54]. Par ailleurs, ces réserves donnent lieu à des abus, à des répres-sions sanglantes pour cause de braconnages[55], avec une prison spéciale

---

51. Il s'agit d'un sentiment d'exaltation de soi qu'Alain Vuillemin propose de lire comme un élan intérieur vers le divin, une entreprise d'autodéification et d'autohéroïsa-tion, une figure artificielle et truquée d'un Dieu que l'on croit réincarné (Le dictateur ou le dieu truqué, op. cit., p. 66).

52. Le Togo, de l'esclavage au libéralisme mafieux, op. cit.

53. Jean de Menthon, À la rencontre du… Togo, Paris, L'Harmattan, 1993, p. 150 et suiv.

54. Gilles Labarthes, op. cit., p. 94-95.

55. Dans son roman Territoire du Nord (Paris, L'Harmattan, 1992), Théo Ananissoh fut le premier à porter au régime de la fiction la tragédie vécue par les populations proches des réserves dont les bêtes sauvages qui ravagent les plantations, terrorisent des villages entiers, sont plus importantes que les êtres humains. Ce thème fut au centre des discus-sions portant sur les pratiques dictatoriales du régime Éyadéma dans la presse togolaise entre 1990 et 1995.

(Kazaboua) où sont torturés et, pire, tués tous ceux qui s'aventurent dans ces zones réservées à Éyadéma et à ses hôtes de marque. Les scènes qui s'y passent et dont des témoignages ont été portés à l'attention du monde entier par des rescapés lors des séances de la Conférence nationale (juillet-août 1991) ne sont pas moindres que celles qui se déroulent dans la réserve du maréchal Bassouma. L'idylle entre Éyadéma et les animaux participe du marketing politique de l'image du « bon président » grâce à laquelle le dictateur force son entrée dans l'histoire universelle des Grands Hommes, ceux dont les actes et les propos s'inscrivent dans un meilleur devenir de l'humanité. Elle ouvre la perception du personnage sur une conscience réfléchie du présent, son affranchissement de toute abomination car, tout comme Koyaga, Éyadéma refait l'histoire, la ramène à son *ego*, transforme son peuple en cible et l'opinion internationale en complice.

Le donsomana : une parodie des Conférences nationales[56]

Le roman médite le paradoxe du président-dictateur-chasseur, ses bavures et sa bravoure, son rejet et son acceptation par son peuple, le donsomana du dictateur comme geste d'une renaissance éthique, sociale et politique.

Ainsi, la deuxième hypothèse de la réinvention de l'histoire se lit sur le mode narratif du donsomana qui propose une parodie singulière de l'événement marquant de l'histoire africaine de la dernière décennie : les Conférences nationales, car il y a dans l'acte de purification du donsomana, non pas comme genre mais comme stratégie de réorganisation du pouvoir politique, une ressource générale dont le fonctionnement juridictionnel évoque les Conférences nationales. Pour conforter l'importance de cette interprétation, on retiendra particulièrement le contexte diégétique dans lequel le donsomana, « la geste du potentat », est organisé. Dès la première veillée, Bingo, le sora, louangeur et joueur de cora, définit les modalités et la structure scénique de ce

---

56. On notera qu'au long du roman, notamment dans les veillées IV, V et VI, la Conférence nationale togolaise est évoquée avec des détails précis comme l'attaque de la primature (le 3 décembre 1992), la séquestration par les militaires des délégués, etc. Mais ce que nous analyse se propose de démontrer, c'est que le donsomana, dans sa structure de palabre et dans sa recherche d'un nouvel élan politique qui consolide le rapport entre le chasseur décrié et son peuple, est une représentation littéraire des Conférences nationales qui, sans l'avoir voulu, ont renforcé les dictateurs dans cette conscience de réconciliation.

rituel purificatoire au cours duquel les héros chasseurs sont encensés et leurs exploits racontés. Tout se passe comme devant une cour de justice où se déclinent, sur le mode du «déballage» de la vérité, le passé et le présent de la personne à la barre. Mais dans le cas précis du président-chasseur Koyaga, le rituel purificatoire est censé réconcilier Koyaga avec lui-même, avec son peuple et avec le *noumen* par l'épreuve d'un face à face entre le sujet et ses représentations, entre la personne et la *persona*, entre l'artifice et le réel. Derrière cette épreuve de démolition du masque se joue l'avenir de Koyaga, car son inscription dans les bonnes grâces de son peuple au moyen des forces protectrices héritées de sa mère et du marabout, dont il a perdu l'amour et l'admiration, en dépend. C'est de ce rituel de purification que le récit tire sa substance, car il s'y révèle que Koyaga, grand chasseur, n'est pas un être absolu aux pouvoirs incommensurables mais une figure humaine dont la légitimité et la valeur sociale dépendent de son rapport à son peuple et aux lois de la transcendance. Il est allé loin dans l'exercice et la compréhension du pouvoir pour n'avoir pas su ni pu rester petit dans sa grandeur, et la conséquence est la perte de tous ses attributs de grand chasseur et de président :

> Les hommes de la race de votre fils ne peuvent pas être toujours justes et humains ; alors que ni la pierre aérolithique ni le Coran ne tolèrent l'iniquité et la férocité. Il pourrait nous perdre très souvent. Enseignez-lui que si d'aventure nous lui échappons il ne s'affole pas. Tranquillement, qu'il fasse dire sa geste purificatoire, son donsomana cathartique par un sora (un chantre des chasseurs) accompagné d'un répondeur cordoua. [...] Quand il aura tout avoué, reconnu, quand il sera purifié, quand il n'existera plus aucune ombre dans sa vie, la pierre aérolithique et le Coran révéleront où ils se sont cachés. Il n'aura qu'à les récupérer et poursuivre sa vie de guide et de chef. (*E*, 64-65)

Si la rationalité du donsomana est la reconquête du pouvoir dans un contexte de perte de légitimité politique, elle semble évoquer, tant par les dispositifs de son déroulement que par les déterminations sociales, politiques et mystiques qui la caractérisent, la juridiction des Conférences nationales. En effet, envisagées à l'origine comme des conférences de réconciliation entre le peuple et son dirigeant politique, les Conférences nationales — le Bénin en jeta les bases dans l'histoire des nations africaines en 1990 —, avaient été une juridiction de la parole, une palabre dont l'enjeu défini par Atangana «n'est pas la justice à appliquer en faveur d'un individu, mais l'harmonie au sein d'une communauté [...].

Elle assure une justice qui va au-delà du juridique, de la lettre du droit[57]. » Ainsi, si la tribune des Conférences nationales fut la scène des aveux et des témoignages, l'instance de la parole libérée où tout se dévoile, de la vie privée aux actes officiels, sous forme de défoulement, d'accablement, c'est que ce donsomana national est un tribunal symbolique qui, à la fin, ne condamne pas mais réconcilie en prônant le pardon. Néanmoins,

> le pardon n'est pas ici une activité destinée à abaisser l'homme mais à le réinsérer dans la relation avec l'autre. Le pardon n'implique pas le repli d'une conscience culpabilisée qui rentre en son for intérieur pour renouer avec une transcendance abstraite dans le remords mais ce qui ouvre à l'autre, ce qui intériorise et rétablit le lien avec l'immanence[58].

Le donsomana intervient dans la déchéance de Koyaga, dans le dérèglement de l'ordre social et idéologique de la République du Golfe tout comme la Conférence nationale est intervenue au Bénin et au Togo à un moment de crise de légitimité de l'appareil gouvernemental. Le donsomana et la Conférence nationale ont en commun une structure de procès et un renversement de l'ordre du pouvoir où, mis au banc des accusés, le président-chasseur est placé devant ses propres exactions reconstituées dans leurs menus détails. Devant cette juridiction, les maux ne peuvent se traduire que par les mots car il s'agit, avant tout, de rappeler à la conscience de l'autorité déchue, l'histoire de son règne. Cette dramaturgie du procès et du pardon a besoin d'un cadre spatio-temporel qui lui confère le label d'événement et l'inscrive définitivement dans l'histoire nationale. Placé sous l'autorité d'une personnalité dont l'intégrité morale fait référence pour la gestion de la parole et ses potentiels débordements (le sora), le donsomana, par son mode d'exposition des différents adjuvants du sujet en instance de purification ainsi que par le dévoilement intégral du passé de celui-ci, rappelle le contexte juridictionnel dans lequel s'est déroulée la Conférence nationale au Togo :

> Le donsomana est une parole, un genre littéraire dont le but est de célébrer les gestes des héros chasseurs et de toutes sortes de héros. Avant d'introduire un héros dans un donsomana, le genre exige qu'on dise au préalable son panégyrique. (E, 32)

---

57. B. Atangana, « Actualité de la Palabre », cité par Jean-Godefroy Bidima, *La palabre. Une juridiction de la parole*, Paris, Michalon, 1997, p. 19.
58. Jean-Godefroy Bidima, *ibid.*, p. 21.

Le donsomana est une parole libérée qui, tout en disant la geste du héros, dit la geste de la victime, désormais en position de force. Il doit purger l'angoisse et la rancœur pour céder la place au pardon et à la réconciliation. La personne habilitée à chanter la geste de Koyaga, à le démythifier, le cordoua, est une voix hors censure qui « fait le bouffon, le pitre, le fou » (*E*, 10). Sa lucidité transite par la folie du langage ; il ne connaît ni pudeur, ni peur, car tout lui est pardonné. Son rôle dans le récit évoque celui des délégués à la Conférence nationale, tenus de ratisser la mémoire pour ne rien laisser dans l'oubli afin que le dirigeant « purifié » de ses horreurs et erreurs puisse bénéficier du pardon, quitte à reprendre le pouvoir par « des élections au suffrage universel supervisées par une commission nationale indépendante » (*E*, 381). Si le donsomana doit permettre une renaissance du président-chasseur à l'ordre du divin et de l'absolu, il n'a pas le pouvoir de le changer, de le rendre plus humain. La suite se devine ; partout où elle est organisée, la Conférence nationale, passées les pitreries des cordouas, est un leurre, un recyclage du dictateur pour d'autres règnes tout aussi obscurs dans l'attente du Coran et de la météorite, symboles du pouvoir absolu.

Conclusion

Écrire l'histoire, pour Kourouma, c'est reposer les jalons du roman politique africain. La démarche adoptée dans *En attendant le vote des bêtes sauvages* est de montrer que le pathologique et le recours à la sorcellerie, au spirituel, au lieu d'être considérés dans la rationalité du pouvoir comme contraires au regard objectif et à l'appréhension réelle des problèmes auxquels doivent faire face les peuples, deviennent le fondement de l'histoire postcoloniale. Le registre narratif n'est pas celui de la hargne ni de l'opposition, au risque de s'enliser dans un dogmatisme idéologique qui dessert l'histoire ; il est celui de l'observation, de la représentation du réel et de ses possibles dans un projet qui ne donne pas une reproduction du visible mais qui rend visible[59]. Si Nikola Kovač dans son essai sur le totalitarisme, définit deux modes rhétoriques du roman politique dans son rapport à l'histoire en train

---

59. Paul Klee, « La confession créatrice », cité par Pierre Campion, *La réalité du réel. Essai sur les raisons de la littérature*, Rennes, Presses Universitaires de Rennes, coll. « Aesthetica », 2003, p. 71.

de se faire : le témoignage et la contestation, il faudrait, avec *En attendant le vote des bêtes sauvages*, ajouter une troisième dimension : la banalisation. Nikola Kovač postule que la rhétorique du témoignage participe d'un archivage de l'histoire, et c'est en ce sens que la convocation par Kourouma des drames du monde (colonisation, guerres, régimes dictatoriaux, réalités sociopolitiques des nations, manipulations idéologiques du réel, etc.) comme trames narratives, peut se lire comme une conception transhistorique de la littérature au sens stendhalien de miroir promené le long de la route.

Par contestation, Nikola Kovač propose d'entendre non pas la révolte ou la révolution idéologique ou métaphysique mais « une réponse éthique à la violence[60]. » Il ne s'agit pas d'un geste militant d'engagement politique mais d'un acte de révélation de l'être à lui-même, d'une recherche de la réalité du réel. En ce sens, Kourouma aura réussi, malgré le calque presque parfait avec le personnage sociopolitique d'Éyadéma, à extirper Koyaga de l'ancrage géographique et temporel pour en faire la figure type de l'histoire du dictateur, ce « dieu truqué » qui a sabordé toute exigence éthique au profit de l'image qu'il se donne de son Moi pathologique.

L'écriture de l'histoire n'est donc pas une histoire qui s'invente dans la fiction, elle est jeu et lieu d'inscription du *déjà su*, le ressourcement d'un explicite soumis à la réévaluation du lecteur par un agencement de rumeurs sociales, de discours politiques, de constructions idéologiques, d'anecdotes. À comprendre ainsi la représentation de l'histoire comme le droit et la liberté de formulation et de récupération de la réalité, on comprend que, chez Kourouma, l'écriture banalise le réel par une affabulation réaliste qui le réinvente. On devient admiratif de Koyaga, tant ses prouesses dépassent l'imagination mais on s'interroge sur les mécanismes effroyables de (re)construction de l'histoire des hommes, des nations et du monde.

---

60. Nikola Kovač, *op. cit.*, p. 16.

La mémoire discursive dans *Allah n'est pas obligé*
ou la poétique de l'explication du « blablabla » de Birahima

CHRISTIANE NDIAYE

L'une des raisons de la consécration du roman *Allah n'est pas obligé* par deux prestigieux prix littéraires est sans doute l'actualité et la portée morale du sujet traité qui interdit en quelque sorte au lecteur de rester indifférent. Comme le résume fort pertinemment Isaac Bazié : « Le fait de ne pas lire le roman ressemble désormais à une sorte de délit de non-assistance à personne en danger[1]. » Par ailleurs, on a su gré à Kourouma de rendre « lisible » un sujet aussi grave et réellement insupportable que les atrocités vécues par les enfants-soldats en confiant le récit à un narrateur enfant dont le regard naïf se double d'un langage rendu amusant par le recours incessant à quatre dictionnaires censés pallier les lacunes laissées par une éducation trop tôt interrompue. Or, un regard attentif porté sur cette astuce linguistique révèle que les liens entre cette écriture assez désinvolte (à première vue) et ce qui se lit comme un témoignage fictif mais émouvant conçu pour dénoncer l'inadmissible sont en fait plus étroits et plus complexes. Loin de ne servir qu'à distraire le lecteur (c'est-à-dire détourner son regard du tragique, lui permettant de se détendre le temps d'une parenthèse), cette mise en relief constante des difficultés du narrateur à trouver des mots « convenables » pour faire son récit illustre que la mémoire des temps présents est ici médiatisée par une mémoire des mots : mémoire

---

1. Isaac Bazié, « Écritures de violence et contraintes de la réception : *Allah n'est pas obligé* dans les critiques journalistiques française et québécoise », *Présence Francophone*, n° 61, 2003, p. 90.

des mots qui n'est pas simplement celle d'une langue maternelle autre, mais surtout celle des discours sociaux qui servent à occulter la mémoire des choses, des êtres et des événements. Dans les pages qui suivent, il s'agira donc de dégager certaines des traces des discours antérieurs (cotextuels) qui sont la matière même du roman à la fois sur le plan de l'écriture et celui d'une mémoire douloureuse, trop vite effacée de la conscience publique, après quelques brefs bruits et fureurs médiatiques. La «poétique de l'explication» qui caractérise le roman constitue ainsi une stratégie de dévoilement des rhétoriques fallacieuses destinées à rendre sensé l'insensé.

En deçà du dictionnaire

Tous les lecteurs de Kourouma connaissent aujourd'hui la saga de la publication de son premier roman, *Les soleils des indépendances*, refusé d'abord par les éditeurs pour cause de «mauvais français» et salué ensuite comme un chef-d'œuvre marquant un point tournant dans la littérature africaine. Ainsi, l'on est sans doute peu surpris de lire la déclaration candide du narrateur d'*Allah n'est pas obligé* qui annonce sans ambages, dès les premières lignes de son «blablabla»: «Suis p'tit nègre parce que je parle mal le français.» (*A*, 9) Or, l'on sait aussi que la critique s'est ravisée en découvrant que ce n'était pas du «mauvais français» que Kourouma proposait au lecteur mais que, au contraire, son génie consistait à «écrire le malinké en français», comme on n'a cessé de le souligner depuis[2]. Le lecteur habitué à ce discours critique pourrait donc être porté à percevoir ce «p'tit nègre» de Birahima comme étant une autre version du «malinké en français», adapté pour rendre crédible le langage d'un narrateur enfant dont «l'école n'est pas arrivée très loin» (*A*, 9).

Une telle lecture soulève toutefois d'emblée plusieurs interrogations. S'il s'agit toujours «d'écrire le malinké en français», le recours du narrateur à ses quatre dictionnaires sous prétexte de rendre son récit plus accessible à «toute sorte de gens» (*A*, 11), n'aurait-il pas plutôt pour effet d'atténuer «l'authenticité», le substrat malinké du langage du narrateur? Si c'est le cas, le français d'*Allah n'est pas obligé* serait-il

---

2. Voir, parmi tant d'autres, l'entretien de Lise Gauvin avec Kourouma: «Traduire l'intraduisible», dans *L'écrivain francophone à la croisée des langues. Entretiens*, Paris, Karthala, 2006 [1997], p. 153-162.

plus « correct » que celui des *Soleils des indépendances* ? Si la « malinki-cité » du style de Kourouma n'est pas touchée, comment la définir et quelle est alors la fonction des dictionnaires ? Autrement dit, que signi-fie « parler mal le français » et « écrire le malinké en français » ? Poser la question, c'est déjà y répondre, d'une certaine manière. En fait, de telles formules ne peuvent servir à décrire objectivement l'écriture de Kourouma ou le langage de son narrateur : ce sont des énoncés appar-tenant à des *discours* qui traduisent diverses conceptions du monde, du réel et de l'objet littéraire, et qui véhiculent par conséquent aussi des jugements de valeur. En littérature, en littérature *africaine*, est-il légitime ou non, « bien » ou « mal », d'employer du « mauvais français » ou du malinké ? La constitution même des champs littéraires se modi-fie, comme on le sait, en fonction des discours convoqués pour les définir.

Naturellement, la critique n'a pas manqué d'étudier de près les œuvres de Kourouma pour circonscrire tout ce qui constitue un calque du malinké : syntaxe, vocabulaire, rythme, proverbes, etc.[3]. Cet examen minutieux de la langue de Kourouma a également mené bon nombre de fins lecteurs à constater que les romans publiés plus de vingt ans après le premier sont quelque peu moins « savoureux » que *Les soleils des indépendances*. Et de sommer l'écrivain de s'expliquer. Celui-ci, en toute modestie, en convient : au cours de ses longues années vécues loin du pays natal, il se serait aussi quelque peu éloigné de la langue maternelle[4]. Ceci n'empêche toutefois pas le créateur de continuer à forger son langage propre en exploitant à la fois les richesses du fran-çais et du malinké, stratégie affichée dans *Allah n'est pas obligé* par la référence constante aux dictionnaires. Ainsi, à la question des quatre dictionnaires qui posent d'emblée la langue comme enjeu, Kourouma répond :

> Le français est une langue plurielle. Nous, Africains anciennement colonisés, en avons hérité, mais nous devons y forger notre propre territoire pour réus-sir à exprimer nos sentiments, notre réalité. [...] Si Birahima possède quatre

---

3. Le livre de Makhily Gassama reste incontournable à cet égard : *La langue d'Ahmadou Kourouma*, Paris, ACCT / Karthala, 1995.

4. Voir, par exemple, l'entrevue accordée à Yves Chemla en 1999, « *En attendant le vote des bêtes sauvages* ou le donsomana ». À une remarque de Chemla — « Mais du point de vue de l'écriture, il y a des choses qui ont été considérablement modifiées depuis le premier roman » —, Kourouma répond : « Il y a eu beaucoup de modifications. Quand j'écrivais *Les soleils des indépendances*, je pensais en malinké. Mon long exil m'a obligé à penser en fran-çais. Je ne peux plus revenir en arrière. » (*Notre librairie*, n° 136, janvier-avril 1999, p. 27)

dictionnaires [...], c'est parce qu'il s'adresse à tous ceux qui parlent français : les toubabs (qu'il appelle encore les colons, les Blancs, les racistes), les natives (ou nègres, Noirs sauvages, également racistes) et les francophones[5].

Ce que cette déclaration peu soucieuse de la «rectitude politique» révèle en reproduisant le procédé des parenthèses largement exploité dans *Allah n'est pas obligé*, c'est que Birahima, le narrateur, tout en s'adressant à «tous ceux qui parlent français», s'adresse plus particulièrement à des Blancs colons, des Noirs sauvages et aux racistes... indépendamment de leur couleur ou de leur langue. Autrement dit, ce n'est pas tant la langue, au sens de langue naturelle — français ou malinké — qui travaille l'écriture de Kourouma et qu'il travaille, mais les langages, ces discours que la société forge pour organiser ses savoirs, exprimer ses sentiments, ses ressentiments et ses préjugés.

Or, cela signifie aussi que ce dont la critique n'a peut-être pas suffisamment tenu compte, c'est que le malinké aussi est *pluriel* : un enfant de la rue ne s'exprime pas de la même façon qu'un savant féticheur ou un marchand, ou un «grand quelqu'un» de la médecine ou des hautes sphères de la politique, ni en malinké, ni en français, ni en aucune langue. Le génie d'un écrivain n'est pas de penser en telle ou telle langue, mais bien de penser le *langage* particulier de chacun de ses personnages et de chacun des discours qu'il introduit dans son œuvre, et nombreux sont ceux qui, avant Kourouma, ont tenté de faire valoir ce «principe créateur» auprès de la critique. Interrogé pour la nième fois sur sa délinquance linguistique, Kourouma s'explique :

> D'aucuns m'ont reproché de «casser», de «malinkiser» le français. [...] Quoi que les gens disent, je ne cherche pas à changer le français. Ce qui m'intéresse, c'est de reproduire la façon d'être et de penser de mes personnages, dans leur totalité et dans toutes leurs dimensions. [...] Je le répète, mon objectif n'est pas formel, ou linguistique[6].

5. Propos extraits de l'entrevue avec Catherine Argand, le 8 septembre 2000, publiée sur le site <http://www.lire.fr/entretien/288>.

6. Propos extraits de l'entrevue avec René Lefort et Mauro Rosi, «Ahmadou Kourouma, ou la dénonciation de l'intérieur», *Le courrier de l'unesco*, 1998, sur le site de <http://www.unesco.org/courrier/1999-03/dires> (p. 2). Kourouma avait déjà fait une réponse analogue à Lise Gauvin suite à la question : «On a dit que vous écriviez le malinké en français. Est-ce exact?», Kourouma répond : «Ce n'est pas cela parce que ce n'est pas le mot à mot. Traduire le malinké en français serait très facile. Tous les Malinkés auraient pu le faire. Mais écrire, comme moi je l'ai fait, demande beaucoup de travail : il faut trouver le mot, la succession de mots, c'est-à-dire la manière de présenter les mots pour retrouver la pensée. Et cela exige de longues recherches» (*op. cit.*, p. 156).

Et pour le lecteur qui n'en serait pas encore convaincu, l'usage des dictionnaires dans *Allah n'est pas obligé* viendra confirmer largement cette mise au point de l'auteur.

En effet, il suffit de lire quelques pages du roman pour s'apercevoir que les dictionnaires de Birahima ne l'empêchent nullement de parler mal. Le recours à quatre dictionnaires n'amène pas le narrateur à employer une langue qui serait plus «correcte» que le «p'tit nègre» dont il se réclame, mais une langue plus hétérogène, hétérogénéité soulignée par la définition fournie pour les multiples «gros mots» (*A*, 11) qui émaillent le langage de Birahima. Ainsi, celui-ci n'a rien de «réaliste», car en parlant le langage de tous, cet enfant-soldat «insolent, incorrect comme barbe d'un bouc» (*A*, 10) parle en fait le langage de personne; il parle en «polyphonie», une espèce d'espéranto discursif où tous les registres de langue, tous les langages et jargons de la société se côtoient et se bousculent. Chaque phrase, chaque paragraphe l'illustre:

> Brusquement on entendit un cri venant d'une profondeur insondable. Ça annonçait l'entrée du colonel Papa le bon dans la danse, l'entrée du chef de la cérémonie dans le cercle. Tout le monde se leva et se décoiffa parce que c'était lui le chef, le patron des lieux. Et on vit le colonel Papa le bon complètement transformé. Complètement alors! Walahé! C'est vrai. (*A*, 63)

«Brusquement», «profondeur insondable», «cérémonie», «se décoiffa», «patron des lieux», «complètement», narration au passé simple: tout cela appartient aux conventions du langage littéraire «sérieux», soutenu — mais font irruption les démonstratifs («ça», «c'était»), les répétitions et les exclamations de la langue parlée, populaire, de l'enfant de la rue. Qui parle à qui de quoi? En fait, le texte expose ici en quelques lignes le langage «insondable» (caricaturé par la métonymie du cri) de ce chef de guerre qui se veut à la fois prophète, homme du peuple, libérateur, figure paternelle, guide spirituel et colonel.

Le roman se lit ainsi comme une illustration concrète, ligne par ligne, page par page, du principe à la base des théories développées par Bakhtine et la sociocritique: l'énoncé ne porte pas seulement sur un objet; tout énoncé est l'énoncé *de* quelqu'un s'adressant *à* quelqu'un. Et le locuteur ne puise pas ses mots dans un dictionnaire (sauf exception), mais bien dans les discours sociaux de son milieu de vie[7]. C'est

---

7. Mikhaïl Bakhtine l'a répété de maintes façons à travers son œuvre: «Les rapports dialogiques sont ainsi en dehors de la linguistique. Mais en même temps, il est absolument

également ce qu'a souligné la néo-rhétorique plus récemment: pour faire l'analyse des tropes et de tout énoncé qui en use (en l'occurrence le texte littéraire), il ne suffit pas d'avoir recours au dictionnaire et à la science linguistique. Il faut se rapporter aussi à cette «encyclopédie» que constitue l'ensemble des «discours tenus sur le monde» et qui se situe «en deçà du dictionnaire»[8]. «Devant les apories que fait surgir l'analyse rhétorique, seules deux solutions sont possibles: soit rejeter purement et simplement les énoncés rhétoriques, comme tératologiques ou "bizarres" [...], soit se donner les moyens de rendre compte de la présence des traces du discours antérieur dans les représentations sémantiques», précise Jean-Marie Klinkenberg[9]. Ainsi, ce qui fait sans doute la particularité du roman *Allah n'est pas obligé*, c'est que ces «traces du discours antérieur» subsistent même dans les multiples définitions et explications attribuées aux quatre dictionnaires du narrateur; ce sont ces traces qui inscrivent dans le texte littéraire la pluralité du français *et* du *malinké* et qui font toute la richesse et la dynamique «savoureuse» de l'écriture de Kourouma. Car l'on constate en effet que la fonction des dictionnaires de Birahima n'est pas purement linguistique, permettant à un enfant de la rue de «chercher les gros mots, [...] vérifier les gros mots et surtout [...] les expliquer» (*A*, 11). Ils servent bien davantage à confronter les discours afin de faire ressortir les non-dits, les préjugés, sinon le vide des discours au moyen desquels les uns et les autres justifient leurs actions.

Tout lecteur s'aperçoit rapidement que l'emploi des dictionnaires dans *Allah n'est pas obligé* est en fait assez fantaisiste; le choix des «gros mots» à expliquer semble plutôt aléatoire. Alors que certains mots qui ne relèvent manifestement pas des compétences d'un enfant peu scolarisé ne font l'objet d'aucune explication («insondable», par exemple, dans l'extrait cité plus haut), d'autres, qui pourtant ne paraissent pas si

---

impossible de les dissocier du *mot* [...]. Ces rapports se situent dans le domaine du mot (qui, lui, est dialogique par nature) [...]» (*La poétique de Dostoïevski*, Paris, Seuil, 1970, p. 240); «Malgré des différences notables, tous ces phénomènes [stylisation, parodie, *skaz*, dialogue] ont un trait commun: leur mot a une double orientation — vers l'objet du discours, comme il est de règle, et vers un autre *mot*, vers le *discours* d'autrui» (*ibid.*, p. 243); ou encore: «Le langage littéraire est un phénomène profondément original [...]. En lui, la diversité intentionnelle des discours (qui existe en tout dialecte vivant et fermé), devient diversité de langages. Il ne s'agit pas d'un *langage*, mais d'un *dialogue de langages*» (*Esthétique et théorie du roman*, Paris, Gallimard, 1978, p. 115).

8. Jean-Marie Klinkenberg, *Le sens rhétorique. Essais de sémantique littéraire*, Toronto et Bruxelles, Éditions du GREF et Éditions Les Éperonniers, 1990, p. 155.

9. *Ibid.*, p. 160.

« gros » bénéficient d'explications plus ou moins longues et précises : « épreuve » (*A*, 18), « hésitant » (*A*, 56), « avouer » (*A*, 66), « jaser » (*A*, 103), « risque » (*A*, 144-145), « horreur » (*A*, 159), « tendresse » (*A*, 211), etc. Il apparaît même que cette « manie » des explications n'est nullement restreinte aux multiples parenthèses qui les signalent souvent, elle envahit en fait entièrement le récit de Birahima qui ne cesse d'employer des formulations telles que « c'est comme ça on appelle... », « on les appelle », « on dit que », « Balla m'expliquait » (*A*, 20), « Grand-mère a expliqué » (*A*, 28), etc., notamment au début du roman où la fréquence de tels énoncés ne peut passer inaperçue. L'on note également que certaines explications et définitions sont attribuées à un dictionnaire précis (*Larousse, Petit Robert, Harrap's* ou l'*Inventaire des particularités lexicales du français d'Afrique*), alors que le plus souvent Birahima renonce à citer la source de son « savoir », allant jusqu'à prendre en charge lui-même la définition fournie ; par exemple, commentant l'action des troupes d'interposition censées empêcher les différentes factions de la guerre civile au Libéria de s'entretuer, le narrateur ironise : « Ces forces ne s'interposèrent pas ; elles ne prirent aucun risque inutile. (J'explique aux Africains noirs indigènes le mot risque. Il signifie danger, inconvénient possible) » (*A*, 144-145). Il apparaît clairement ici que la fonction de ces dictionnaires n'est pas réellement linguistique, qu'il s'agit en bonne partie d'une feinte, d'une stratégie qui vise à exposer la construction et la déconstruction du sens par ceux qui manipulent les discours à leurs propres fins. Manifestement, ce n'est pas le sens du mot « risque » qui est en cause ici ; Birahima lui-même ou un dictionnaire en fournit la définition : c'est l'hypocrisie du *discours* de la communauté internationale qui est mise en relief, la langue de bois qui camoufle l'indifférence et l'action inefficace derrière la rhétorique du « risque inutile », alors que tout Africain sait pertinemment quels « risques », « dangers » et « inconvénients possibles » l'attendent.

Les « gros mots » et la mémoire du sujet

Le texte de Kourouma rappelle ainsi sans cesse que tout « gros mot » porte en lui la mémoire de quelque « gros discours », ce que le jeu de mots en soi cherche manifestement à souligner. Les dictionnaires eux-mêmes ne peuvent effacer les traces des discours antérieurs ni fixer le sens des mots de manière à empêcher que tout un chacun puisse les manipuler à sa guise[10]. L'usage très approximatif que fait Birahima lui-même des ces «explications» en est d'ailleurs la première illustration, puisque ce sont rarement de véritables citations des dictionnaires que nous lisons, lorsque le narrateur suspend son récit pour préciser le sens d'un mot. Dans un premier temps, on note que le texte de Kourouma restitue souvent ce que les dictionnaires, dans un souci d'objectivité, suppriment : le sujet énonciateur. Ainsi, l'une des «véritables» définitions du mot «milieu», par exemple, est formulée comme suit dans le dictionnaire : «Ensemble des conditions extérieures dans lesquelles vit et se développe un individu humain[11].» Dans le roman de Kourouma, en introduction au récit des mésaventures de Birahima devenu enfant-soldat, nous lisons cette description de son «milieu» :

> Il y avait dans la case toutes les puanteurs. Le pet, la merde, le pipi, l'infection de l'ulcère, l'âcre de la fumée. Et les odeurs du guérisseur Balla. Mais moi je ne les sentais pas, ça ne me faisait pas vomir. Toutes les odeurs de ma maman et de Balla avaient du bon pour moi. J'en avais l'habitude. C'est dans ces odeurs que j'ai mieux mangé, mieux dormi. *C'est ce qu'on appelle* le milieu naturel dans lequel chaque espèce vit ; la case de maman avec ses odeurs a été mon milieu naturel. (*A*, 18, nous soulignons)

Alors que le dictionnaire n'incite pas celui qui le consulte à se poser des questions sur le discours antérieur en fonction duquel la définition est formulée, l'énoncé attribué à Birahima rend cette interrogation essentielle : *qui* est ce «on» qui «appelle» une case emplie de toutes les puanteurs le «milieu naturel»? Dans quel but? Ne s'agit-il pas du déplacement d'un discours biologique sur un milieu humain, où il est justement déplacé? Alors *pourquoi* employer ce discours *déplacé*, sinon pour se servir de la scientificité du langage pour masquer des attitudes beaucoup moins acceptables… par exemple, l'idée que l'Africain est très heureux dans sa pauvreté, sa misère et qu'il n'y a donc pas lieu d'intervenir pour y mettre fin? Ainsi, restituer un sujet, même impersonnel, permet ici au texte de démasquer les préjugés que véhicule le

---

10. Notons que cet emploi ironique qui relie les «gros mots» à la langue de bois des puissants se trouve déjà dans la pièce peu connue de Kourouma, *Le diseur de vérité*, représentée puis interdite en 1970. En l'occurrence, Kourouma fait dire à Diarra, un des nouveaux dirigeants, s'adressant à un subalterne : «Toi, sans respirer, réponds-moi. As-tu, avec des mots gros et sonnants qui s'entendent par tout le peuple, après les miracles et les réussites, crié mes louanges, cité mes pensées, récité mes poèmes, dit mes vérités, prié à mon nom. L'as-tu fait?» Cité par Jean Ouédraogo dans «L'espace scriptural chez Kourouma ou la tragicomédie du roman», *Présence Francophone*, n° 59, 2002, p. 89.

11. *Le Petit Robert*, Paris, Dictionnaires Le Robert, 1986, p. 1200.

« gros discours » auquel renvoie le « gros mot » qui fait l'objet de cette explication d'un vocabulaire qui n'a rien de la neutralité à laquelle les dictionnaires voudraient faire croire.

Les « explications » fournies par Birahima se caractérisent ainsi, le plus souvent, par cette insertion des mots dans un discours dont le sujet est plus ou moins identifiable et qui oblige toujours le lecteur à s'interroger sur les significations non pas du mot ciblé, mais bien du discours auquel il renvoie en l'occurrence et dont les significations essentielles s'étalent davantage entre les mots, dans le non-dit ou l'inter-dit. Quelques exemples. « Même si on est grand, même vieux, même arabe, chinois, blanc, russe, même américain ; si on parle mal le français, on dit on parle p'tit nègre, on est p'tit nègre quand même » (*A*, 9). Ce premier « on dit » du texte renvoie manifestement au discours colonial et donne le ton du roman en soulignant, par la remarque faussement naïve qui suit, que les préjugés de ce « discours antérieur », loin de s'estomper à l'époque dite « postcoloniale », se sont répandus et généralisés à travers les discours les plus courants du quotidien : « Ça, c'est la loi du français de tous les jours qui veut ça » (*A*, 9). « Je dormais partout, chapardais tout et partout pour manger. Grand-mère me cherchait des jours et des jours : c'est ce qu'*on appelle* un enfant de la rue » (*A*, 13, nous soulignons), propos que nous pourrions analyser de la même manière que celui sur le « milieu naturel ». « Les Bambaras sont parfois aussi appelés Lobis, Sénoufos, Kabiès, etc. Ils étaient nus avant la colonisation. *On les appelait* les hommes nus » (*A*, 22, nous soulignons). Ici, ce sont vraisemblablement tous les discours qui établissent une hiérarchie entre les nations et les peuples qui sont visés : ceux qui déclarent supérieurs les humains « civilisés » par rapport aux « primitifs », ces « hommes nus », ceux qui permettent à certains de se prévaloir de droits « légitimes » arrogés à d'autres, etc.[12]. Le roman ne manque pas d'ailleurs de faire nettement ressortir le fait que toutes les sociétés génèrent de tels discours discriminatoires dont se servent tous les « on » cherchant à se hisser au-dessus des autres, comme le suggère aussi Kourouma dans son entretien avec Catherine Argand[13].

Le gyo est la langue des nègres noirs indigènes africains de là-bas, du patelin. *Les Malinkés les appellent* les *bushmen*, des sauvages, des anthropophages…

12. Concernant la question des préjugés envers les « hommes nus », voir les propos de Kourouma recueillis par Yves Chemla, *loc. cit.*, p. 27.

13. *Loc. cit.* (voir note 5).

Parce qu'ils ne parlent pas malinké comme nous et ne sont pas musulmans comme nous. Les Malinkés sous leurs grands boubous paraissent gentils et accueillants alors que ce sont des salopards de racistes. (*A*, 61, nous soulignons)

Le langage décapant du jeune narrateur « insolent » permet ici d'aller droit au but pour replacer des mots tels que « bushmen » et « sauvages » dans la bouche des locuteurs qui dissimulent racisme et idées reçues sous de « grands boubous » et de grands discours de type religieux ou nationaliste. Ailleurs dans le roman, c'est l'ironie qui signale le non-sens qui résulte du déplacement des mots dans un contexte socio-discursif où ils n'ont aucune pertinence : « Partout dans le monde une femme ne doit pas quitter le lit de son mari même si le mari injurie, frappe et menace la femme. Elle a toujours tort. C'est ce *qu'on appelle* les droits de la femme » (*A*, 33, nous soulignons). L'on peut noter en effet que Birahima s'arrête régulièrement pour « expliquer » ainsi les « gros mots » de la langue de bois des politiciens qui sert à masquer les injustices que subissent les plus faibles de la société (ce qui révèle en même temps que l'expression « les gros mots », telle qu'elle est employée par Birahima, ne constitue pas un jeu de mots gratuit car cette rhétorique fallacieuse est effectivement « grossière » et choquante, moralement indécente) : « Les troupes de l'ECOMOG opèrent maintenant partout au Liberia et même en Sierra Leone, au nom de l'ingérence humanitaire, massacrant comme bon leur semble. *On dit* que ça fait interposition entre les factions rivales » (*A*, 132, nous soulignons).

Souvent, les explications que Birahima fournit (avec ou sans référence à ses dictionnaires) signalent simplement les divergences entre les conceptions du monde qui distinguent différentes sociétés ; ainsi, à l'intention des « Noirs nègres indigènes d'Afrique », il précise le sens du mot « oncle » (« c'est comme ça on appelle le frère de son père », *A*, 29), et au lecteur non malinké, il explique : « Le conseil des vieux a annoncé à grand-père et grand-mère que je ne pouvais pas quitter le village parce que j'étais un bilakoro. *On appelle* bilakoro un garçon qui n'est pas encore circoncis et initié » (*A*, 35, nous soulignons). Dans ce cas, bien que le mot soit malinké, la difficulté relève non pas de la langue mais du fait qu'il appartient au domaine de certaines pratiques et croyances traditionnelles qui ne sont pas connues de tous. C'est donc une véritable encyclopédie des discours sociaux, africains et occidentaux, qui est ainsi inscrite dans le texte de Kourouma par ce procédé d'explication des énoncés dont le sujet prend souvent la forme du pronom personnel indéfini « on » (et dont le lecteur devra interpréter le sens selon ses compétences), mais qui peut être aussi explicitement identifié : « C'est pourquoi *on dit, les historiens* disent que la guerre tribale arriva au Liberia ce soir de Noël 1989 » (*A*, 104-105, nous soulignons).

L'interprétation : l'inadéquation des mots et des choses

Qu'il s'agisse bien de l'interrogation d'une multiplicité de discours sur le monde apparaît également dans le fait que, même lorsque Birahima ne restitue pas le sujet des « gros mots » qu'il commente, ses définitions se présentent rarement comme de simples transcriptions de celles qui figurent réellement dans les dictionnaires. Elles se lisent souvent comme une vulgarisation du langage « savant » des dictionnaires, comme une *interprétation* que fournit Birahima en *retraduisant* l'énoncé du dictionnaire dans un registre de langue censé être plus approprié soit à l'enfant soldat, soit à ses interlocuteurs. Ainsi, le texte propose souvent au lecteur des parodies ou simulacres de définitions d'où ressort, à nouveau, le non-dit ou le non-sens de bon nombre de discours sur le monde. La définition de « démoraliser » dans le *Petit Robert*, par exemple, est : « ôter le moral, le courage à[14] », alors que celle de Birahima est passablement plus désinvolte et propre à être comprise par « le commun des mortels » : « Démoraliser signifie ne plus avoir le cœur à l'ouvrage, ne plus vouloir rien foutre » (*A*, 127). C'est aussi le cas du mot « œcuménique » : « Le colonel Papa le bon organise une messe œcuménique. (Dans mon Larousse, œcuménique signifie une messe dans laquelle ça parle de Jésus-Christ, de Mahomet et de Bouddha) » (*A*, 55). Ce « réalisme » de l'enfant de la rue motive manifestement aussi son explication du verbe « se défendre » : « Se défendre, pour une fille, c'est aller d'un point à un autre, c'est se prostituer » (*A*, 108). Ailleurs, c'est à nouveau le caractère fallacieux du langage des puissants qui est mis en relief : « Un monsieur [...] se présenta, gentil et compatissant. (Compatissant, c'est-à-dire faisant semblant de prendre part aux maux de Sarah) » (*A*, 92). À d'autres moments, Birahima déclare lui-même, ouvertement, que la signification proposée dans le dictionnaire est « impertinente » et il en fournit une plus « juste » :

> Les prisons n'étaient pas de véritables prisons. C'était un centre de rééducation. (Dans le Petit Robert, rééducation signifie action de rééduquer,

---

14. *Op. cit.*, p. 452.

c'est-à-dire la rééducation. Walahé ! Parfois le Petit Robert aussi se fout du monde.) Dans ce centre, le colonel Papa le bon enlevait à un mangeur d'âmes sa sorcellerie. Un centre pour désensorceler. (*A*, 71)

Le narrateur se fait effectivement interprète, signalant à la fois la manipulation politique des discours et l'impossibilité de « transférer » simplement certains concepts d'une culture vers une autre : même pour les croyants sincères, « rééduquer » peut signifier « désensorceler ».

Encore ici, il apparaît clairement qu'il s'agit moins de définir des mots que de juxtaposer des discours sur le monde afin de faire ressortir leur mouvance, leur malléabilité et leur non-coïncidence, lorsqu'il s'agit du regard de différentes cultures sur des phénomènes du vécu censés être « mêmes » (dans l'exemple précédent, la notion de « rééducation »). Autrement dit, Kourouma procède à une mise en évidence de la *fabrication* des discours pour la « bonne compréhension » de tel ou tel destinataire et, en cela, il ne fait que raffiner et étendre à l'ensemble du roman *Allah n'est pas obligé* une stratégie d'écriture déjà largement mise en œuvre dans les précédents romans, notamment *Monnè, outrages et défis*. L'on se souvient du rôle primordial que joue l'interprète Soumaré dans ce roman situé à l'époque de la conquête coloniale. Ce sont les « interprétations » de Soumaré qui permettent aux Blancs installés au Kébi de « comprendre » le roi Djigui et à celui-ci d'être initié au monde du colonisateur ; plus : ce sont les interprétations très *approximatives* des propos des uns et des autres que fournit Soumaré qui permettent à Djigui de conserver son pouvoir un certain temps malgré la présence du Blanc. Ainsi la pratique de l'interprétation / explication attribuée à Birahima est en fait du même ordre, sauf que ses destinataires ne sont pas les personnages « toubabs » et « nègres noirs indigènes » de la diégèse, mais les *lecteurs*, installés dans les rôles que jouaient le roi Djigui (et les habitants de Soba) et les agents de la colonisation dans *Monnè, outrages et défis*. Et, bien qu'il s'agisse naturellement du lecteur *in fabula*[15], le lecteur réel ne peut que se sentir directement impliqué du fait que toutes les définitions plus ou moins « exactes » fournies par Birahima s'adressent en premier lieu aux lecteurs que nous sommes. L'on se souvient également que Soumaré, en tant que maître de la

---

15. En introduction à son récit, le narrateur précise : « Il faut expliquer parce que mon blablabla est à lire par toute sorte de gens : des toubabs (toubab signifie Blanc) colons, des noirs indigènes sauvages d'Afrique et des francophones de tout gabarit (gabarit signifie genre). » (*A*, 11)

parole, de toutes les formes de parole, selon le code de chacun, devient « faiseur de rois » ; l'ultime pouvoir lui appartient[16]. C'est aussi le cas de Birahima, à cette différence près que Soumaré, à l'époque du *monnè*, incarne une certaine élite, alors que Birahima, l'enfant-soldat, représente plutôt le peuple, le plus « petit peuple », entraîné malgré lui dans la guerre des « grands ». Ainsi, avec ses dictionnaires et ses kalachnikovs, Birahima détient symboliquement un double pouvoir, celui des armes et celui de la parole, et le fait de privilégier, finalement, la parole constitue alors la dimension didactique du roman, puisque cette parole, si elle est sans doute moins immédiatement efficiente que les « kalachs », est aussi moins destructrice et moins auto-destructrice[17]. Toutefois, ceci vaut uniquement pour les choix politiques dont disposent les peuples sur le plan de l'usage quotidien, le roman de Kourouma ne postule certes pas une toute-puissance de la parole. Il invite plutôt le lecteur à se faire lui aussi interprète, à peser toujours la mémoire des mots qui lui sont adressés pour faire la part du sensé et de l'insensé.

De ce point de vue, la « poétique de l'explication » qui caractérise *Allah n'est pas obligé* comporte deux dimensions également significatives. D'une part, le texte sensibilise le lecteur au fait que chaque mot, chaque énoncé a un autre poids dans la bouche de chaque énonciateur, selon le *langage* qui est le sien. D'autre part, les mots peuvent n'avoir aucun poids, ils peuvent être tout à fait impuissants à dire le vécu, celui de l'enfant de la rue qui assiste à l'agonie prolongée de sa mère, celui de l'enfant-soldat qui tue pour manger.

Tout le roman se lit ainsi comme un enchaînement d'explications auxquelles se livre le narrateur en traduisant non pas des langues, mais des langages[18]. Comme le faisait Soumaré pour permettre au roi Djigui

---

16. Voir une étude précédente où cet aspect du roman de 1990 est traité : Christiane Ndiaye, « Sony Labou Tansi et Kourouma : le refus du silence », *Présence Francophone*, n° 41, 1992, p. 27-40, en particulier p. 37.

17. Notre lecture d'*Allah n'est pas obligé* recoupe ici celle que faisait Madeleine Borgomano du roman précédent : « Il n'est pas sûr que la parole libérée soit efficace contre le chaos du monde ; mais il est sûr que tous les pouvoirs despotiques la redoutent et qu'elle est salvatrice pour l'esprit qu'elle empêche de succomber à la folie. Le livre de Kourouma n'est-il pas un excellent témoignage de cette nouvelle libération de la parole africaine ? » (« Les pouvoirs du récit : un remède au chaos du monde ? *En attendant le vote des bêtes sauvages* », *Présence Francophone*, n° 63, 2004, p. 81).

18. Notons que, si Birahima se présente comme le « descendant » ou l'héritier de Soumaré du roman de 1990, au sens figuré, il est aussi littéralement l'héritier d'un interprète. C'est à la suite de la mort de l'interprète Varrassouba Diabaté qu'il hérite des dictionnaires de celui-ci (*A*, 229).

de bien saisir les enjeux de la seconde guerre mondiale, par exemple[19], Birahima «traduit» le langage «savant» des historiens et les propos souvent faussement objectifs des médias en un langage populaire qui se passe de circonlocutions, mettant à la portée de tous les événements complexes de la guerre du Libéria. Voici, en guise d'illustration, comment Birahima explique à ses lecteurs le renversement du gouvernement en place qui déclenche la guerre civile :

> Les deux natives, les deux nègres noirs africains indigènes qui montèrent ce complot s'appelaient Samuel Doe, un Krahn, et Thomas Quionkpa, un Gyo. Les Krahns et les Gyos sont les deux principales tribus nègres noires africaines du Liberia. C'est pourquoi on dit que c'était tout le Liberia indépendant qui s'était révolté contre ses Afro-Américains colonialistes et arrogants colons.
>
> Heureusement pour eux (les révoltés), ou par sacrifices exaucés pour eux, le complot a pleinement réussi. (Sacrifices exaucés signifie, d'après Inventaire, les nègres noirs africains font plein de sacrifices sanglants pour avoir la chance. C'est quand leurs sacrifices sont exaucés qu'ils ont la chance.) Après la réussite du complot, les deux révoltés allèrent avec leurs partisans tirer du lit, au petit matin, tous les notables, tous les sénateurs afro-américains. Ils les amenèrent sur la plage. Sur la plage, les mirent en caleçon, les attachèrent à des poteaux. Au lever du jour, devant la presse internationale, les fusillèrent comme des lapins. Puis les comploteurs retournèrent dans la ville. Dans la ville, ils massacrèrent les femmes et les enfants des fusillés et firent une grande fête avec plein de boucan, plein de fantasia, avec plein de soûlerie, etc.
>
> Après, les deux chefs comploteurs s'embrassèrent sur les lèvres, comme des gens corrects, se félicitèrent mutuellement. (*A*, 100)

L'extrait présente, clairement, un *point de vue* subjectif défavorable aux rebelles, devenus des «comploteurs» qui ne s'embarrassent guère d'entretenir les apparences auprès de la communauté internationale. Le vocabulaire de la description de la fête («avec plein de boucan, plein de fantasia, avec plein de soûlerie, etc.») et de l'évocation de la joie des «comploteurs» n'est certes pas celui du langage des historiens. Ce langage très informel de Birahima ne discrédite pourtant nullement la «version» des faits qui est présentée ; au contraire, il rappelle au lecteur que tout récit des «faits» est inéluctablement partial et que tout langage qui prétend à une explication *impartiale* est un langage trompeur.

La divergence des discours sur le monde et des valeurs véhiculées est par ailleurs soulignée ici par la juxtaposition des expressions cen-

---

19. Voir *M*, p. 209-211.

sées être synonymes de «chance»: «heureusement pour eux» et «par sacrifices exaucés pour eux». Celui qui croit à la chance a certainement une tout autre conception du monde que celui qui pratique de multiples «sacrifices sanglants» en espérant qu'ils seront exaucés. Ainsi, aucune définition, aucune explication, aucun récit des «faits» n'est rigoureusement exact; il n'y a jamais d'adéquation entre les mots et les choses; le signifié de tout énoncé dépend de son contexte discursif, de cette mémoire discursive en deçà des dictionnaires. Pour celui qui pratique des sacrifices, parler de chance est insensé et vice versa.

Le procédé de juxtaposition de plusieurs syntagmes qu'on pourrait croire synonymes n'a donc rien d'anodin. Il ne s'agit pas en fait de juxtapositions d'une série de mots parce qu'ils signifient la même chose, mais bien de mieux faire ressortir qu'ils *ne signifient pas* la même chose; chaque lexème comporte ses propres sèmes latéraux. Si cela va de soi pour le sémioticien, dans la sphère des communications réelles, le poids des mots n'est pas sans conséquence, comme nul ne l'ignore. Kourouma en avait déjà fait une brillante illustration dans le titre même de son roman *Monnè, outrages et défis*. En effet, pour expliquer l'inclusion d'un mot malinké dans le titre, le texte précise qu'il signifie «outrages, défis, mépris, injures, humiliations, colère rageuse, tous ces mots à la fois sans qu'aucun le traduise véritablement» (*M*, 9). Tout en désignant une même réalité, ces mots ne sont manifestement pas synonymes et ne suffisent pas à évoquer l'ampleur du désastre que représentait la colonisation pour les peuples africains. C'est même l'ensemble du roman qui se lit comme la suite de cette définition de *monnè*, laquelle demeure insuffisante malgré le nombre de mots qui se succèdent pour susciter un signifié approximatif dans l'esprit du lecteur. Par ailleurs, ici encore, l'on constate que l'usage que fait Kourouma de cette juxtaposition de mots se rapportant à un même référent n'est pas strictement linguistique, et la «manie explicative» du jeune Birahima ne fait que généraliser ce procédé de «soupèsement» (ou relativisation) des mots illustré dans le titre du roman de 1990. Il convient sans doute de noter aussi que cette technique de définition «par synonymie», qui est également propre aux dictionnaires et qui deviendra partie intégrante de la stratégie narrative de Birahima («Sékou avait été obligé de quitter Abidjan […] à cause d'une sombre affaire […] (sombre affaire signifie déplorable, lamentable affaire, d'après le Petit Robert)» [*A*, 48]), n'est pas empruntée aux dictionnaires mais à ce que Kourouma perçoit comme l'une des caractéristiques des langues africaines. Lorsqu'il est invité par René

Lefort et Mauro Rosi à décrire la langue malinké, Kourouma soutient :
«Elles [les langues africaines] disposent d'un grand éventail de mots
pour désigner une même chose, de nombreuses expressions pour évoquer une même sentiment, et de multiples mécanismes permettent la
création de néologismes[20].» Cette remarque suggère que Kourouma
élargit en quelque sorte une propriété de la langue, la transformant
pour en faire une poétique qui se présente comme un corps à corps
constant avec les limites des langues et des discours sur le monde.

Rhétoriques du non-sens pour masquer l'indicible

Dans *Allah n'est pas obligé*, cette écriture par pluralisation des désignations du même permettra à Kourouma de conjuguer humour, critique
sociale et une interrogation sans doute plus philosophique sur le sens
de la vie, ou plus exactement sur le non-sens[21]. En dehors de tout
recours aux dictionnaires, c'est en effet l'accumulation des mots et
expressions désignant un même référent qui caractérise le récit de
Birahima. Comme dans le cas des définitions de mots attribuées aux
dictionnaires, l'effet est généralement satirique, dévoilant les apories
de la rhétorique des discours officiels : «Nous (c'est-à-dire le bandit
boiteux, le multiplicateur de billets de banque, le féticheur musulman,
et moi, Birahima, l'enfant de la rue sans peur ni reproche, the small-
soldier), nous allions vers le sud» (*A*, 131) ; voici nos deux personnages
en sujets pluriels. «La seule chose qu'elle [la mère supérieure] demandait à tout Libérien digne de ce nom, c'était un peu d'aumône, un peu
de miséricorde. Elle n'avait pas à prendre partie. / Ce n'était pas une
réponse, c'était un rejet. C'était une foutaise, un affront» (*A*, 148) :
autant de désignations pour signifier que la «réponse» n'est pas du
goût du destinataire. Dans ces exemples (qu'on pourrait multiplier à
volonté), l'on reconnaît aisément le procédé de précision de sens illimitée illustré dans le titre de *Monnè, outrages et défis*, procédé insatis-
faisant, en dernière analyse, puisqu'il sous-entend toujours «tout cela
à la fois et plus encore», sans que *rien* ne puisse rendre parfaitement le
sens recherché.

---

20. Voir «Ahmadou Kourouma ou la dénonciation de l'intérieur», *loc. cit.*, p. 2.
21. Lise Gauvin a déjà souligné cette «dérive du sens» que produit ici le texte de Kourouma : «L'imaginaire des langues : du carnavalesque au baroque (Tremblay, Kourouma)»,
Littérature, n° 121, mars 2001, p. 101-115.

En un mot : Kourouma et ses lecteurs se heurtent ici à l'indicible. Or, l'on pourrait objecter que cela n'a rien de nouveau, que le phénomène est fort connu et motive même la lecture de textes littéraires, censés, justement, être en mesure de faire quelques incursions dans la sphère de l'indicible — que le lecteur risque donc de se lasser de ce rappel incessant de la futilité de toute tentative de trouver des mots adéquats susceptibles de dire « la vérité », toute la vérité sur le réel, tout le réel. Ce procédé de la désignation multiple des choses ne serait-il pas devenu quelque peu artificiel dans *Allah n'est pas obligé* ?

Si l'on considère l'ensemble de la dynamique de ce roman, cette récurrence des « pseudo-définitions » des mots ne paraît pourtant pas gratuite. En fait, tout le récit de Birahima se lit comme une longue suite d'explications et, en définitive, ce n'est pas tant le sens des mots qu'il tente d'expliquer à ses divers lecteurs virtuels que celui de sa vie d'enfant-soldat. À l'instar de la juxtaposition des mots et des expressions, les récits s'enchaînent comme pour appréhender, quelque part en fin de parcours, un discours satisfaisant qui puisse « dédommager » l'enfant-soldat « sans peur ni reproche » des atrocités vécues, mais qui demeure finalement insaisissable. Ainsi, dans cette « poétique de l'explication », les multiples précisions fournies (le plus souvent) entre parenthèses fonctionnent comme des cellules ou « unités minimales », des « micro-explications » qui doivent servir à la construction d'explications plus importantes, plus compréhensives, pour aboutir à cette magistrale « macro-explication », ce « discours de vérité » définitif dont le titre du roman est l'abrégé : « Allah n'est pas obligé, n'a pas besoin d'être juste dans toutes ses choses, dans toutes ses créations, dans tous ses actes ici-bas » (*A*, 97).

Cette explication ultime intervient en effet à plusieurs reprises dans le roman, lorsque Birahima ou d'autres personnages sont à court de « ressources explicatives » plus « logiques » ou circonstancielles. Le plus souvent, Birahima puise ses explications dans les « faits » ou les discours « savants », dans ses efforts acharnés de tout faire comprendre à toute espèce de lecteur : pourquoi sa mère est morte d'un ulcère à la jambe, pourquoi sa tante Mahan s'est enfuie au Libéria, ce qu'est un « mangeur d'âme » (*A*, 134), comment un bandit ou un homme d'église devient chef de guerre (*A*, 68 et 136-137), comment Sarah, Johnny et Siponni sont devenus enfants-soldats (*A*, 90-92, 184-185 et 204-206), pourquoi les fétiches n'ont pas protégé les enfants qui les portaient (*A*, 116), le rôle des créoles au Sierra Leone (*A*, 164), qui est le caporal

Foday et comment il devient vice-président (*A*, 166-177), etc. — et finalement comment il en est venu à raconter sa propre histoire à l'aide de
quatre dictionnaires. Or, lorsqu'on s'attache à identifier les divers discours sur le monde (et ceux qui les incarnent) qui informent le récit de
Birahima « en deçà » de ses dictionnaires, comme une mémoire en
palimpseste, ce sont, en premier lieu, les discours de la société africaine
dite traditionnelle qui apparaissent dans le texte.

Avant d'acquérir ses quatre dictionnaires, ce sont Balla, le féticheur,
ou sa grand-mère que Birahima consulte pour obtenir des explications
lui permettant de comprendre le sens des événements de son quotidien. Ainsi, devant l'énigme posée par la grand-mère qui aime profondément sa fille sans pour autant connaître sa date de naissance, « Balla
m'expliquait que cela n'avait pas d'importance et n'intéressait personne
de connaître sa date et son jour de naissance vu que nous sommes tous
nés un jour ou un autre et dans un lieu ou un autre et que nous allons
tous mourir un jour ou un autre » (*A*, 20). Naturellement, il reviendra
alors aussi à ces figures d'autorité d'expliquer la mort prématurée des
parents de Birahima :

> Grand-mère a dit que mon père est mort malgré tout le bien qu'il faisait
> sur la terre parce que personne ne connaîtra jamais les lois d'Allah et que
> le Tout-Puissant du ciel s'en fout, il fait ce qu'il veut, il n'est pas obligé de
> faire toujours juste tout ce qu'il décide de réaliser sur terre ici-bas.
> Ma maman est morte pour la raison que Allah l'a voulu. Le croyant musul-
> man ne peut rien dire ou reprocher à Allah, a dit l'imam. (*A*, 31)

Nous reconnaissons ici l'une des premières versions de cette formule
de « sagesse » qui fournira le titre du roman et l'on peut se demander
s'il ne s'agit pas, d'emblée, d'une parodie du discours religieux visant
à le discréditer. Il s'avère en effet que cette « macro-explication » est
reprise par Birahima le plus souvent lors de la mort d'un proche parent
ou d'un de ses camarades et que le ton en devient de plus en plus ironique et acerbe : en expliquant les circonstances de la mort de Kik,
Birahima conclut : « Nous l'avons abandonné mourant dans un après-
midi, dans un foutu village, à la vindicte des villageois. […] À la vindicte populaire parce que c'est comme ça Allah a voulu que le pauvre
garçon termine sur terre. » (*A*, 97) Birahima semble de moins en moins
disposé à se contenter de cette « vérité » voulant que même les réalités
les plus injustes soient conformes à la volonté d'Allah. Toutefois, l'in-
cessante quête d'explications dont est fait son récit révèle que ce n'est
pas la validité des discours incarnés par Balla, l'imam ou la grand-mère

qui est en cause : confrontés à *l'inexplicable*, tous les discours se valent et sont pareillement *impuissants* à rendre compte du réel, y compris ceux qui se veulent plus rationnels ou scientifiques.

En effet, si, après avoir parcouru et juxtaposé une multitude de discours sur le monde — d'ordre politique, religieux, historique, économique, ethnologique, etc. —, Birahima reproduit finalement la formule de sa grand-mère face à la mort, c'est qu'en dernière analyse *rien* ne peut expliquer l'inexplicable. Et si l'on doit sans doute se résigner au caractère inexplicable de la mort dite naturelle, tel n'est pas le cas face à toutes les souffrances, injustices et morts provoquées par les guerres ou les autres manifestations de la violence humaine. Or, que faire lorsqu'on est plongé malgré soi dans l'indicible de ces violences ? Le roman de Kourouma, par le biais de cette poétique de *l'explication* qui mobilise une mémoire discursive « encyclopédique », met de l'avant deux attitudes possibles. Soit l'on nie le caractère insensé (l'inexplicable) de ce vécu : c'est ce que fait Birahima en multipliant les explications de tout et de rien, faisant de cette attitude permanente, « explicative », une sorte de rempart derrière lequel il croit pouvoir repousser le non-sens de la réalité des guerres et des enfants-soldats. Tout expliquer, même fort médiocrement, constitue une tactique de dernier recours pour tenir le non-sens à bout de bras ; c'est se livrer à une course en avant pour ne pas succomber à la folie qui guette celui qui doit en permanence se mesurer à l'insensé[22].

Soit l'on dénonce toute tentative rhétorique, toutes les manipulations des discours sociaux destinées à rendre sensé l'insensé. C'est ce que fait Kourouma dans ce roman à travers ses caricatures et parodies des « gros mots » employés par les uns et les autres pour justifier l'injustifiable, camoufler l'inacceptable : « C'est la guerre tribale qui veut ça » (*A*, 111) ; « C'est ce que Dieu a dit : quand des gens te font trop de mal, tu les tues moins mais tu les laisses dans l'état où ils sont arrivés sur terre » (*A*, 64) ; etc. Rien ne sert de faire croire que le sort d'un enfant-

---

22. Cette attitude « défensive » du narrateur a déjà été soulignée par Liana Nissim : « Si l'enfant-soldat réussit à faire face aux expériences infâmes qui continuent de grouiller dans sa mémoire, c'est probablement grâce à son choix de s'attacher à ses précieux dictionnaires, par lesquels il peut transformer en discours et en réflexion sur le discours tout ce qui, autrement, le ferait inévitablement sombrer dans le tunnel du désespoir et de la folie » (« L'extrême contemporain dans les marges. Trois cas exemplaires », dans Matteo Majorana [dir.], *Le goût du roman*, Bari, Edizioni B. A. Graphis, 2002, p. 109). Il s'avère cependant que ce n'est pas seulement le discours du narrateur qui est en cause mais cette mémoire discursive dans laquelle il puise afin d'inviter le lecteur, surtout, à réfléchir.

soldat ou les horreurs de la guerre puissent avoir quelque sens. Plus vite on cessera d'inventer des langages pour expliquer l'inexplicable, occulter l'inadmissible, plus vite on devra faire face à la nécessité non pas d'expliquer mais de *faire cesser* les pratiques et comportements humains qu'aucun discours sur le monde ne pourra, ultimement, rendre sensé. Ayant pris connaissance du récit de Birahima, le lecteur ne sera donc sans doute pas du même avis que ce jeune «insolent, incorrect comme barbe d'un bouc et [qui] parle comme un salopard» (*A*, 10): Birahima ne parle pas si mal le français; il parle certainement plus clairement et humainement que tous ceux qui parlent avec une grande expertise cette langue de bois si apte à effacer la mémoire des mots et des temps présents.

Le rire cosmique de Kourouma

XAVIER GARNIER

Ahmadou Kourouma savait rire. Il était pourtant plus que tout autre obsédé par les difficultés du continent africain. Il ne faut pas en conclure qu'il riait de ses malheurs, ni même qu'il les conjurait par le rire, mais plutôt qu'ils étaient la matière de son rire. Fama, le roi déchu des *Soleils des indépendances*, Djigui, le roi infantilisé de *Monnè, outrages et défis*, Koyaga, le dictateur d'*En attendant le vote des bêtes sauvages* et Birahima, l'enfant-soldat d'*Allah n'est pas obligé*, ne sont pas des personnages dont on rit, ils sont pourtant tous porteurs d'un étonnant potentiel comique. L'écriture de Kourouma fait apparaître le lien profond qui existe entre l'humour et la cruauté. Les souffrances qui jalonnent les romans de Kourouma ne donnent lieu à aucun apitoiement, elles nous font plutôt basculer du côté du rire.

Ce que vivent Fama, Djigui, Koyaga et Birahima est désespérément absurde. Tout lecteur doté d'un peu d'esprit d'analyse s'en rend compte immédiatement. Que les uns soient du côté des bourreaux et les autres des victimes ne change pas grand-chose à l'affaire. À y regarder d'ailleurs de près, on constate que tous sont à la fois bourreaux et victimes. La cruauté chez Kourouma ne fait pas l'objet d'une mise en scène, pas même dans *Allah n'est pas obligé* où elle est omniprésente. Les épisodes les plus atroces sont racontés de la façon la plus directe sans provoquer l'horreur, comme si les mots venaient s'interposer entre l'horreur et nous. Soit le récit de la mort de Sarah, mortellement blessée aux jambes :

Nous devions la laisser seule, nous devions l'abandonner seule à son triste sort. Et à ça Tête brûlée ne pouvait pas se résoudre. Elle gueulait le nom de sa maman, le nom de Dieu, de tout et tout. Tête brûlée s'est approché d'elle, l'a embrassée et s'est mis à pleurer. Nous les avons laissés en train de s'embrasser, en train de se tordre, de pleurer, et nous avons continué pied la route. Nous n'avons pas fait long lorsque nous avons vu Tête brûlée arriver seul toujours en pleurs. Il l'avait laissée seule à côté du tronc, seule dans son sang, avec ses blessures. La garce (fille désagréable, méchante), elle ne pouvait plus marcher. Les fourmis magnans, les vautours allaient en faire un festin. (Festin signifie repas somptueux.) (*A*, 89-90)

Le constant décrochage provoqué par le jeu des définitions de diction-naires tout au long du récit de Birahima a pour premier effet de nous mettre à distance de l'horreur et de la cruauté. Comme si, à l'égal de Céline, un des écrivains qu'il admirait, Kourouma tenait à écarter toute forme de sentimentalisme. Les malheurs de Sarah ne font pleu-rer que Tête brûlée, et les pleurs de Tête brûlée se perdent dans un océan de douleurs que le roman raconte. «Les fourmis magnans» et «les vautours» qui seront les principaux acteurs de l'horreur sont tota-lement étrangers au problème.

Deux techniques d'écriture permettent à Kourouma de contre-carrer la sentimentalisation de l'horreur. Chaque épisode est raconté avec une constante variation des points de vue, le plus souvent dans le sens d'un éloignement progressif du foyer de douleur. La scène de la mort de Sarah part du point de vue de Sarah pour passer à celui de Tête brûlée, avant d'arriver à celui de la troupe d'enfants-soldats et de se terminer par celui des animaux. L'horreur se dissout progressive-ment dans cet élargissement. On qualifiera de cosmique ce procédé d'ouverture illimitée à partir d'un point de focalisation : la participation des animaux à la mort de Sarah peut être considérée comme une étape dans un élargissement qui se prolonge jusqu'aux bornes du cosmos. Est cosmique tout événement décloisonné, qui entre en résonance avec la totalité du réel. Le second procédé est celui de l'emballement linguistique. Chaque mot est potentiellement une occasion de détour-nement par le discours. Birahima écrit l'horreur à l'aide de mots qui sont tournés vers d'autres mots dans l'enceinte des dictionnaires. Dans cette circulation de mots que tente de canaliser Birahima, l'horreur semble ne pas se retrouver. C'est dans cette association du continuum cosmique et de l'emballement linguistique que nous identifierons la pratique humoristique de Kourouma.

Le cercle sacrificiel ou la technique
de l'élargissement cosmique

Dans la perspective malinké qui est revendiquée par les multiples narrateurs de Kourouma, l'univers est un immense réservoir d'énergie
potentielle toujours prête à se déverser selon les occasions, ainsi lors
des rituels sacrificiels. Il suffit d'égorger quatre bœufs lors d'un rituel
de funérailles pour réveiller ces énergies cosmiques :

> De grands couteaux flamboyants fouillèrent, dépecèrent et tranchèrent.
> Tout cela dans le sang. Mais le sang, vous ne le savez pas parce que vous
> n'êtes pas Malinké, le sang est prodigieux, criard et enivrant. De loin, de très
> loin, les oiseaux le voient flamboyer, les morts l'entendent, et il enivre les
> fauves. Le sang qui coule est une vie, un double qui s'échappe et son soupir
> inaudible pour nous remplit l'univers et réveille les morts. (*S*, 141-142)

Cette convergence des humains, des animaux et des morts, lors des
rituels sacrificiels est un événement qui trouble l'ordre social. Il y a,
chez Kourouma, une dualité forte entre le cosmique et le social. Les
hommes, les animaux et les morts forment une société à l'aide de déli-
mitations strictes qui instituent un ordre. À l'ordre social ne s'oppose
pas le désordre, mais la convergence cosmique, qui substitue la polarisation à la délimitation.

Le Libéria et la Sierra Leone, dans *Allah n'est pas obligé*, ne connaissent pas d'autre principe d'organisation que la polarisation cosmique.
Il s'agit moins de sociétés désordonnées que livrées au chaos cosmique.
Le principe de prédation est le véhicule des énergies cosmiques. *Allah
n'est pas obligé* raconte un monde où chacun est, à tout moment, susceptible de devenir l'objet sacrificiel au centre du cercle des prédateurs.
C'est bien ce qui arrive à Sarah, l'enfant-soldat que l'on abandonne
blessée au bord du chemin : « les vautours » et « les fourmis magnans »
ne feront qu'achever une violence prédatrice entamée par les humains.
La violence et la cruauté ne sont pas des perversions de l'humain, elles
en sont le substrat cosmique. Pour cette raison, elles sont sans limites.

Kourouma casse l'image d'une Afrique paralysée par le glacis colonial et néocolonial sous lequel il ne se passe rien. L'Afrique de Kourouma
est totalement livrée à l'événement, en ce sens elle est sacrifiée comme
une personne de haute noblesse. Les prédateurs qui se sont installés au
pouvoir à l'époque coloniale ont transformé le continent en un champ
de lutte permanente. Kourouma ne présente pas l'Afrique comme un
territoire soumis à un règlement administratif qui interdirait toute

forme d'événement historique. Au contraire, il y a trop d'événements. La malédiction de l'Afrique est qu'il s'y passe trop de choses dont les répercussions sont sans limites. Les États africains ne sont que des leurres incapables de remplir leur fonction limitatrice. En d'autres termes, dans un monde qui se partage en prédateurs et proies, les problèmes vitaux prennent une double forme : comment tirer le maximum de profits de la situation ? Comment ne pas servir soi-même de proie ? On voit que les deux problèmes sont liés. Celui qui a bien profité, le bon prédateur, se trouve au centre des regards et devient une proie intéressante. Il faut donc beaucoup d'art pour être un dictateur. Les personnages des romans de Kourouma manœuvrent dans des champs de force ouverts à l'infini et en perpétuelle recomposition.

Il faut un chasseur exceptionnel comme Koyaga pour tenir le pouvoir dans un pays aussi imprévisible qu'une brousse où il faut toujours et partout être aux aguets. Koyaga, le dictateur de la République du Golfe, Djigui, le roi de Soba, peuvent être réprouvés, mais il ne sont jamais méprisés. Leur cruauté et leur violence sont en phase avec les énergies chaotiques qui traversent leur pays. Ils ont affaire aux hommes, aux bêtes, aux morts, aux éléments : ils ne règnent pas sur un territoire mais sur un univers. À défaut de lois et d'institutions crédibles susceptibles de générer un ordre, le pays ne peut tenir que par une tension permanente, en perpétuelle instance de rupture. L'événement est toujours pressenti au bout de cette tension.

Le principe de l'élargissement cosmique est en relation étroite avec le principe de centralité à l'œuvre dans chacun des romans. Les héros sont des points de convergence du réel. La célèbre scène de pillage du marché par les mendiants dans *Les soleils des indépendances* a des résonances cosmiques. Encerclée par des mendiants de plus en plus pressants et menaçants, Salimata va bientôt être submergée et le chaos va se répandre sur tout le marché. Ces chômeurs affamés sont des entités cosmiques, en contact permanent avec le soleil et la pluie, sous la garantie d'Allah. Leur ventre vide est une caisse de résonance cosmique : leur ventre abrite le grondement du réel. C'est le réel dans sa dimension cosmique qui s'abat sur Salimata au centre d'un cercle chargé d'une énergie totalement étrangère aux raisons sociales :

> Besaciers en loques, truands en guenilles, chômeurs, tous accouraient, tous tendaient les mains. Rien ! Il ne restait plus un seul grain de riz. Salimata le leur avait crié, le leur avait montré. Ne voyaient-ils pas les plats vides ? Elle leva les plats un à un, présenta les fonds un à un et les entassa à

nouveau. Ils accouraient quand même, venaient de tous les coins du marché, s'amassaient, se pressaient, murmuraient des prières. Ils dressaient autour de Salimata une haie qui masqua le soleil. La vendeuse comme du profond d'un puits leva la tête et les regarda ; ils turent leurs chuchotements et silencieux comme des pierres présentèrent leurs mains, leurs infirmités. Leurs visages vidés devinrent froids, même durs, leurs yeux plus profonds, leurs narines battirent plus rapides, les lèvres commencèrent à baver. D'autres arrivaient toujours et s'ajoutaient. (*S*, 61-62)

Aucun argument raisonnable ne pourra arrêter le frémissement de narines des mendiants ni l'écoulement de leur bave. C'est une foule, un grouillement désordonné qui compose avec la jeune femme un principe de polarisation. Salimata, qui tente d'inscrire sa vie dans une routine quotidienne pour assurer la sécurité matérielle du couple qu'elle forme avec Fama, se retrouve ici en position sacrificielle, au centre d'un cercle cosmique qui fait événement.

On se demandera comment peut naître l'humour dans une telle configuration cosmique et sacrificielle. Il y a pourtant un trait d'humour intéressant dans la scène des mendiants : en brandissant ses plats vides, Salimata ne comprend pas qu'elle signifie que ses poches sont pleines d'argent. Par le jeu des signes, le cosmique vire au comique.

L'emballement linguistique et ses effets humoristiques

À la fin d'*En attendant le vote des bêtes sauvages*, une scène marquante raconte le chaos qui se déchaîne autour de la résidence du président après la fausse annonce de sa mort. Tous les animaux de la brousse convergent vers sa résidence. Cette déferlante est accompagnée d'un gigantesque feu de brousse et d'un combat sans merci entre paysans et chasseurs. Aucun passage ne manifeste mieux la dimension humoristique des mots, liée à leur usage, que l'énumération des animaux en route pour le palais de Koyaga :

Rampaient sous les arbres et dans les chemins toujours en partance pour la résidence du plus grand de tous les maîtres chasseurs de notre ère les tortues (testudos, kinixys, trionyx, gyclanorchis, éretmochelys imbricata, palusios subnigers) ; les serpents (typhlops punctotus, najas meloanaleuco, bitis gaonicas, astractaspis irregularis, causus chombeatus) ; les crocodiles (crocodylus cotophractus, ostéolaemus) ; les lézards (caméléons, varans, margouillats). (*E*, 378)

Tous ces termes scientifiques deviennent des mots d'esprit sous la plume de Kourouma : tel est le travail de l'humoriste. L'humour chez

Kourouma a partie liée avec les dictionnaires et leur accumulation de mots.

Une explication vient rapidement réduire la portée de l'événement « apocalyptique » qui accompagne l'annonce de la mort du président. Le texte donne comme « raison et [...] motivation » (E, 379) à ce chaos la tentative de récupérer les terres de la réserve par les paysans expulsés trente ans plus tôt et réinstallés à la périphérie. Cette explication qui réinscrit l'événement dans un ordre sociologique est certainement le mot de la fin du roman et on ferait un contresens en ne lui accordant pas crédit. Toute la stratégie d'écriture de Kourouma est de ne l'introduire qu'en dernier lieu.

Comme on peut s'y attendre de la part d'un écrivain, c'est donc de l'usage des signes que naît le rire. La nature du rire que provoque Kourouma tient au statut très particulier de l'analyse qui passe moins par le récit que par le commentaire. L'art de Kourouma est de parvenir à dissocier la relation de l'événement et son explication : ses romans racontent des événements et les recouvrent de discours explicatifs qui ne se substituent pas à eux. Les discours ne sous-tendent pas les récits, mais apparaissent comme des contrecoups. L'analyse rattrape les événements et tente de se mettre à leur hauteur.

L'humour de Kourouma tient à cette technique de mise en retrait de l'explication. Ses quatre romans font preuve d'une lucidité sans faille et d'un remarquable esprit d'analyse des situations qui apparaissent toujours comme au détour du récit. Il y a une sorte d'arrière-plan technique qui est l'assise de l'humour dans chaque roman. Il y a toujours une sorte de « débrouillard » aux côtés des héros de Kourouma : Salimata est le débrouillard de Fama ; Soumaré, l'interprète, le débrouillard de Djigui ; Maclédio le débrouillard de Koyaga ; Yacouba, le débrouillard de Birahima. Ces débrouillards ne s'en laissent pas imposer, spécialistes de la survie, ils savent qu'il n'existe pas d'événement qui n'ait son explication pratique.

Cette assistance technique dont bénéficient les héros leur permet de ne pas se préoccuper des explications mécaniques. Ils sont disponibles pour une lecture cosmique du réel. Ce couplage du cosmologique et du pragmatique est un ressort humoristique fort qui inscrit les romans de Kourouma dans la lignée du Don Quichotte de Cervantès. Mais contrairement au personnage de Cervantès qui passe pour fou aux yeux de tous, les héros de Kourouma semblent les catalyseurs d'une expérience collective. Tous les « chevaliers à la triste figure » de Kourouma cher-

chent à trouver une place dans l'ordre social, leur principale préoccu-
pation est la survie, leur principal souci est de trouver une routine qui
leur permettra de durer. Il leur faut, pour cela, déployer beaucoup de
savoir-faire et d'inventivité dans des sociétés à la dérive. Les sociétés
africaines dont témoigne Kourouma sont en proie à une prolifération
de termes et de slogans qui tournent à vide et dont on voit trop bien
ce qu'ils cachent comme misères et comme arrangements humains :

> La Négritie et la vie continuèrent après ce monde, ces hommes. Nous
> attendaient le long de notre dur chemin : les indépendances politiques, le
> parti unique, l'homme charismatique, le père de la nation, les *pronuncia-
> mientos* dérisoires, la révolution ; puis les autres mythes : la lutte pour
> l'unité nationale, pour le développement, le socialisme, la paix, l'autosuffi-
> sance alimentaire et les indépendances économiques ; et aussi le combat
> contre la sécheresse et la famine, la guerre à la corruption, au tribalisme,
> au népotisme, à la délinquance, à l'exploitation de l'homme par l'homme,
> salmigondis de slogans qui à force d'être galvaudés nous ont rendus scep-
> tiques, pelés, demi-sourds, demi-aveugles, aphones, bref plus nègres que
> nous ne l'étions avant et avec eux. (M, 278)

Ainsi les mots, y compris ceux qui sont le plus étrangers au lexique
malinké, ont une force agissante sur les esprits. Ils sont capables de
faire des ravages plus considérables que les armes. Tous ces mots
décrédibilisés sont la matière de l'écriture de Kourouma, c'est à partir
d'eux qu'il écrit ses romans. Cela explique la place centrale de l'interprète dans *Monnè, outrages et défis*, et des dictionnaires de Birahima
dans *Allah n'est pas obligé*. Sous les mots, on continue à s'arranger avec
la possibilité de mettre en place des réseaux routiniers pour assurer la
survie, mais les mots, pour leur part, sont lancés dans une aventure
proprement chaotique. Kourouma écrit depuis une prolifération de
mots qui dit le désordre du monde. Ces mots n'ont rien de dérisoire ni
de gratuit, ils sont lourds de réalité. Ils sont des fragments qui portent
la dimension sacrificielle du monde. Les mots sont premiers par rapport à l'ordre des discours, en cela ils sont cosmiques. L'emballement
linguistique interdit toute forme de hiérarchie entre les mots. La littérature de Kourouma met les mots à niveau ; en ce sens, elle est un « art
des surfaces[1] ».

Tout le problème des personnages des romans de Kourouma est de
survivre dans ce chaos de mots. Il s'agit de rendre les mots habitables

---

1. Gilles Deleuze, *Logique du sens*, Paris, Minuit, 1969, p. 160.

en leur donnant une valeur civilisationnelle. Le défi de Kourouma est de montrer que la dynamique civilisationnelle n'a cessé d'opérer sur le continent africain, même dans les pires moments. Rien de plus étranger à l'univers de Kourouma que le principe de barbarie. La brutalité du barbare est exclue de l'horizon des mots qui tissent les romans. Le traitement que Kourouma fait de l'histoire est avant tout verbal. Il accroche son récit aux mots qui ont fait irruption dans le réel. Kourouma travaille avec les mots de l'Histoire, il en fait la matière de son style, et leur donne place dans le flux incessant de la civilisation. La cruauté n'est pas du côté de la barbarie, mais de la civilisation. C'est parce que la civilisation est toujours à l'œuvre dans l'Histoire que l'humour est possible.

L'humour comme expérience du monde

Gilles Deleuze dit de l'humour qu'il est un « art des surfaces » et l'oppose à « l'ironie socratique ou la technique d'ascension[2] ». Alors que l'ironiste dénonce depuis une essence supposée des choses dans le ciel des idées, l'humoriste fait le choix du réel en l'état, il accepte la plongée dans l'impur mélange des corps, dans la bâtardise qui brouille les essences et dont Fama ne cesse de se plaindre. L'humour naît de la remontée à la surface du langage après cette immersion dans la profondeur des corps. Il s'agit d'associer directement les mots et les choses en faisant l'économie du détour par l'idéal. Alors la surface du langage accueille le non-sens comme irrésistible puissance humoristique. En établissant un lien entre les événements africains et le non-sens, Kourouma nous communique une singulière lucidité. Aussi bornés ou têtus soient-ils, tous ses personnages comprennent intuitivement que leur douloureuse traversée du réel ne correspond à aucun sens préétabli. Tout est par conséquent bon à prendre. Et même Fama, le grand râleur, ne s'en prive pas. Drapé dans sa dignité, Fama a lui aussi l'âme d'un profiteur, et il compte sur les anciennes hiérarchies pour arriver à ses fins.

La littérature est rarement une affaire de bons sentiments, cela est particulièrement vrai dans le cas de Kourouma. On comprend bien que ses livres dénoncent l'asservissement colonial, les dictatures et les guerres civiles, mais cette dénonciation ne se fait pas au nom d'un mieux possible. Ce n'est pas au nom d'une Afrique précoloniale que la

---

2. *Ibid.*

colonisation est dénoncée, ni au nom de la démocratie que la dictature est dénoncée, ni, enfin, au nom de la paix que la guerre civile est dénoncée. Kourouma n'écrit pas depuis une image idéale de l'Afrique. Ce qui arrive au continent africain est le point d'ancrage de son écriture d'où tout doit partir. C'est le sens de la catégorie du destin, qui est si opératoire dans ses récits. Il y a un destin de l'Afrique que Kourouma accepte et qu'il écrit. La force de ses textes vient de ce que leur dénonciation ne passe pas par un déni du réel, mais naît de son acceptation. L'humour est un effet de cette disposition.

La force de Kourouma est d'être un romancier sans utopies. Si ses personnages ont des rêves, ceux-ci viennent faire corps et composer avec le réel. Ils n'en ressortent pas indemnes. Les rêves comptent moins pour eux-mêmes que par la façon dont ils s'agencent dans les rouages du réel. On peut se représenter ainsi la marche du destin : des prédictions qui prennent corps et se réalisent à force d'avoir été ressassées par des personnages et mises à l'épreuve du réel. Fama agonisant emmené vers Togobala par l'ambulance entre deux infirmiers est la réalisation du rêve d'un retour triomphant au cœur du Horodougou. Djigui veut croire au maintien de son pouvoir royal sous le régime colonial et trouve très facilement des raisons de ne pas se formaliser des humiliations multiples qu'il doit subir. Koyaga est un dictateur bien fragile, qui dépend de puissances extérieures dans le contexte de la guerre froide, lui aussi convaincu de tenir son pouvoir de lui-même et de ses auxiliaires magiques. Tous ces personnages sont plongés dans une illusion qui est leur raison de vivre.

Des Malinkés, Kourouma dit qu'ils jouissent d'une très forte capacité d'adaptation. Les féticheurs, qui sont présents dans tous ses romans, sont les personnages qui poussent le plus loin cette qualité, signe de leur puissance selon Balla : « Un grand chasseur, connaisseur des animaux, des choses, des médicaments et des paroles incantatoires, adorateur des fétiches et des génies, ne crève pas comme un poussin. La colonisation, les maladies, les famines, même les Indépendances, ne tombent que ceux qui ont leur ni (l'âme), leur dja (le double) vidés et affaiblis par les ruptures d'interdit et de totem » (S, 113). Autrement dit, les situations les plus difficiles sont aussi les plus intéressantes, puisqu'elles permettent aux âmes les mieux trempées de se révéler. Les personnages de Kourouma ne comprennent pas toujours le monde dans lequel ils vivent, mais ils trouvent très vite les solutions pratiques qui leur permettent de survivre, voire de s'enrichir. La colonisation, les indépendances, les guerres civiles changent à chaque fois la donne, mais le problème reste toujours le même : comment tirer parti de la nouvelle situation ?

Une des caractéristiques des fluctuations historiques est leur amplitude limitée. Il n'y a que Fama pour penser que les Indépendances introduisent une rupture historique décisive. Salimata sait bien que, du point de vue féminin, il y a continuité. Si l'on élargit le cercle au monde animal, végétal, minéral, la notion de rupture doit être de plus en plus relativisée. C'est dans cette perspective cosmique qu'il est possible de lire les ressorts de l'humour de Kourouma, dont les personnages n'ont pas toujours une claire intelligence des situations dans lesquelles ils sont plongés, mais ils sont en contact permanent avec d'autres ordres du réel. L'ordre humain, avec ses périodes historiques, est une spécification de l'ordre animal, qui est lui-même une spécification de l'ordre cosmique. La volonté de survivre, qui est une des caractéristiques de tous les personnages de Kourouma, doit être mise en relation avec leur potentiel cosmique. Les personnages ne vivent pas pour eux-mêmes, mais parce qu'ils font partie du réel, et c'est le réel dans toute son extension qui cherche à exister à travers eux. Le lien qui relie Fama ou Koyaga aux bêtes sauvages est un lien de nature cosmique.

En ce sens, les personnages des romans de Kourouma ne sont jamais dérisoires. L'originalité de son roman consacré aux dictatures en Afrique vient de ce que Koyaga est doté d'une véritable puissance. Aussi peu lucide soit-il dans l'analyse de sa propre situation politique, sa force physique et ses auxiliaires magiques font de lui un personnage de poids. Kourouma ne laisse pas simplement entendre que les dictateurs sont des fantoches aux mains des puissances occidentales ; un tel constat purement géopolitique ne permettrait pas de comprendre ce qui se joue historiquement sur le continent. Trente années de mobutisme au Zaïre ne peuvent être simplement réduites à une conséquence locale de la guerre froide : une telle analyse raisonnée et argumentée ne tient pas lieu de réalité, elle reste une considération abstraite, trop sûre d'elle-même et trop imparable pour ne pas être le fruit d'un travail préalable de sélection des données. L'image d'une Afrique marionnette, totalement manipulée depuis l'Occident, est un matériau pauvre pour la création romanesque. Une telle vision fait corps avec le cadre d'analyse géopolitique dans lequel elle s'inscrit. Le travail de Kourouma est précisément de multiplier les cadres d'analyse, de les faire jouer les uns par rapport aux autres, de les faire dériver dans un fond cosmique.

L'analyse géopolitique de Kourouma n'est pas le point d'arrivée de son travail d'écrivain, mais un point de départ. L'ébauche de son dernier roman, *Quand on refuse on dit non*, en témoigne. Les textes rassemblés sont des analyses informées de la situation ivoirienne à partir desquelles le roman aurait pu s'écrire, en les mettant à l'épreuve des expériences concrètes. Les données n'auraient pas changé, mais se seraient enrichies d'expériences.

Tel est le rôle des personnages chez Kourouma. Ils sont des catalyseurs d'expériences. Djigui, le vieux roi artificiellement maintenu sur un trône dévalué, occupe une position unique pour lire les décennies de colonisation et d'indépendances. Il ne vaut plus rien sur l'échiquier politique et pourtant on lui laisse une place apparente, il garde les signes d'un pouvoir auquel il fait encore semblant de croire. La mauvaise question consiste à se demander si Djigui croit à son pouvoir ou s'il est conscient de sa déchéance, car la mauvaise foi de Djigui, son aveuglement obstiné, sont la condition de son expérience. Son allégeance aux Blancs n'est pas un acte de résignation, mais l'acceptation d'un ordre cosmique qui n'a pas de limites. Tout le travail de Djéliba, le griot, est d'ouvrir au roi ces horizons illimités :

> Tout l'univers debout au-dessus de moi comme un *tata* m'entourait et me protégeait du soleil.
> — Allah ne finira point, ai-je murmuré.
> — Et Il n'est, a répliqué Djéliba, de la classe d'âge ni le frère de plaisanterie de personne d'ici-bas. (M, 49)

Rappelons que le mot «soleil» renvoie à l'époque historique comme dans le titre *Les soleils des indépendances*, qui reprend mot pour mot l'expression malinké désignant la période des indépendances. Ce que Djéliba rappelle à Djigui, c'est qu'il n'est pas enfermé dans sa période historique, mais qu'il est d'abord en contact avec l'univers dans son entier : «*Arrête de soupirer, de désespérer, Prince. / Rien ne se présente aussi nombreux et multicolore que la vie*», ainsi se termine le chant des *monnew* (M, 49).

Il y a bien sûr beaucoup d'humour dans la façon dont est relatée l'acceptation de Djigui : Allah, l'univers ou la vie ont bon dos, ils sont aussi de bons prétextes pour permettre à Djigui de ravaler son humiliation. Le lecteur ne peut s'empêcher de vouloir juger Djigui et de voir une reculade supplémentaire dans sa décision de ne pas se laisser mourir et d'aller faire allégeance. Djigui est-il un lâche ? S'ouvre-t-il à une expérience cosmique du réel ? Ce serait amoindrir l'amplitude du roman de Kourouma que de trancher cette question. Voilà pourquoi tous les personnages de Kourouma semblent toujours tricher avec eux-mêmes : ils savent bien qu'il sont humains, trop humains, mais tout en eux témoigne d'une autre dimension. Leur bêtise, leur petitesse, leur lâcheté est à la mesure de l'époque historique qui leur échoit, mais toute cette époque coloniale et postcoloniale est une sorte de phase qui ne remet pas en question leur ancrage cosmique. Fama ne s'illusionne pas : il est toujours roi, mais cette royauté est sortie de l'histoire, elle a tout entier basculé dans le cosmique, elle est le point aveugle des nouvelles républiques qui se sont mises en place. Ces nouveaux régimes n'ont pas effacé les anciens royaumes, ils les ont déphasés.

Les personnages des romans de Kourouma sont des «déphasés», et cela les rend plutôt comiques. Ils n'ont pas de prise sur des événements qui les affectent en premier lieu. Ce déphasage les rend particulièrement réceptifs. Eux qui ont du mal à percevoir et à analyser ce qui leur arrive, sont doués d'une singulière aptitude à pressentir. Eux qui en sont réduits à s'adapter aux situations, faute de pouvoir les provoquer, sont de formidables vecteurs de sens.

Histoires du féminin, discours au féminin dans l'œuvre d'Ahmadou Kourouma

VÉRONIQUE BONNET

L'œuvre d'Ahmadou Kourouma agence plusieurs périodes historiques, plusieurs ères, plusieurs intrigues, selon un registre d'écriture qui inverse, du moins à ses débuts, l'ordre chronologique : la narration de la désillusion qu'entraînent les indépendances (*Les soleils des indépendances*) précède la conquête du royaume de Soba par les Blancs nazaréens, autrement nommés «toubabs» de Faderba[1] (*Monnè, outrages et défis*) à laquelle succède *En attendant le vote des bêtes sauvages*, roman portant sur le totalitarisme et les répercussions de la guerre froide en Afrique de l'Ouest. Les ultimes romans (*Allah n'est pas obligé* et *Quand on refuse on dit non*, posthume) inscrivent à nouveau l'intrigue dans le temps présent (les pérégrinations d'enfants-soldats dans des pays déchirés par des guerres dites «tribales»; ou, dans *Yacouba*, le voyage d'un enfant lyonnais en Côte d'Ivoire et sa découverte, tour à tour fascinée et effrayée, d'une cérémonie initiatique[2]). Il s'agira dans le cadre de cette étude d'examiner dans un premier temps le rôle que Kourouma voudrait faire jouer à une histoire-mémoire du féminin et à des discours au féminin articulés sur la mémoire postcoloniale. Il importera également de cerner comment s'effectue, au fil des œuvres, le passage de la construction

---

1. On se référera, pour une synthèse efficace sur cette question, au chapitre intitulé «Ahmadou Kourouma : entre Céline et les griots malinkés», dans l'essai de Boniface Mongo M'Boussa, *L'indocilité. Supplément au Désir d'Afrique*, Paris, Gallimard, coll. «Continents noirs», 2005, p. 51-56.

2. Ahmadou Kourouma, *Yacouba, chasseur africain*, Paris, Gallimard, coll. «Jeunesse», 1998. Dorénavant désigné à l'aide de la lettre (*Y*) suivie du numéro de la page.

des «personnages d'époque[3]» — dont le corps, meurtri ou somptueusement paré, devient mémoire — à l'élaboration, dans le dernier roman de l'auteur, d'un personnage conçu comme réceptacle et répétiteur d'une mémoire idéologisée du temps présent: celle de la Côte d'Ivoire.

Dans son importante étude dédiée aux femmes africaines, Catherine Coquery-Vidrovitch consacre un bref chapitre à la littérature comme «art nouveau» en Afrique. L'historienne y salue Sembene Ousmane «toujours prêt à chanter le courage des femmes[4]» et quelques écrivaines femmes. Cette lecture s'avère relativement emblématique des analyses ou panoramas régulièrement consacrés à l'inscription des femmes africaines dans la littérature, que ces personnages féminins soient créés par des écrivains ou par des écrivaines, que l'auteur soit historien ou critique littéraire. Une certaine critique littéraire «africaniste» porte souvent le sceau de l'idéologie féministe, ce qui rend parfois malaisée la distinction entre production d'un discours critique idéologisé (le féminisme comme idéologie et comme discours) et la saisie de l'idéologie inscrite dans le texte. Le «code culturel conduit le lecteur à juger un personnage à partir de valeurs extra-textuelles[5]». Nous partirons de l'hypothèse suivante: en dépit de l'effet d'exotisme qui marque certaines réceptions critiques de l'œuvre de Kourouma, la distance qui sépare les lecteurs des personnages du romancier ivoirien se révèle moins importante qu'on pourrait le supposer. En effet, cette œuvre, essentiellement lue dans les pays occidentaux, se développe parallèlement à la constitution d'une histoire écrite du point de vue des femmes et bien souvent par des femmes[6].

3. Paul Veyne, *Comment on écrit l'histoire*, Paris, Seuil, coll. «Points», 1996 [1971], p. 8.

4. Catherine Coquery-Vidrovitch, *Les Africaines. Histoire de femmes d'Afrique noire du XIXᵉ au XXᵉ siècle*, Paris, Éditions Desjonquères, 1994, p. 351.

5. Vincent Jouve, *L'effet-personnage dans le roman*, Paris, PUF, coll. «Écriture», 1992, p. 144.

6. On citera pour exemple les travaux de Catherine Coquery-Vidrovitch en ce qui concerne la recherche africaniste (*op. cit.*) et le précurseur numéro spécial des *Cahiers d'études africaines* dirigé par Claudine Vidal, «Sur des femmes africaines, des femmes», vol. 65, 1977; la monumentale étude en cinq tomes: *Histoires des femmes en Occident* (Paris, Plon, 1991-1992), dont Georges Duby et Michelle Perrot sont les maîtres d'œuvre ainsi que, pour la critique littéraire: Irène Assiba d'Almeida, *Francophone African Women Writers. Destroying the Emptiness of Silence*, Gainesville, University Press of Florida, 1994; Nicki Hitchcott, *Women Writers in Francophone Africa*, Oxford, New York, Berg, 2000; «La parole aux femmes», *Notre Librairie*, n° 117, avril-juin 1994; «Femmes d'ici et d'ailleurs», n° 118, juillet-septembre 1994.

L'œuvre d'Ahmadou Kourouma, à l'instar de celle de Balzac ou de celle de Mongo Beti, ne compte guère de «personnages reparaissants[7]» avec lesquels le lecteur cheminerait de roman en roman, s'habituerait à leur durable présence et constaterait la pérennité ou les métamorphoses d'une vision du monde. Elle propose cependant des «personnages référentiels» et des «personnages anaphores[8]», des personnages qui s'imposent à la fois comme acteurs de l'histoire (au sens de diégèse) et de l'Histoire, et plus largement comme «personnages-mémoire[9]». Salimata incarne la première femme à laisser sa trace dans l'univers romanesque de Kourouma.

Outre le fait qu'elle a épousé Fama «descendant des princes doumbouya du Horodougou», elle demeure marquée par une scène personnelle strictement féminine envahissant sa mémoire : la cérémonie de son excision et le viol dont elle fut ensuite victime. Salimata est désignée comme victime sacrificielle mais aussi victime innocente, personnage type de l'opération de séduction du lecteur dépositaire des vraies valeurs cautionnées par le roman[10]. Les traces mnésiques de l'excision se manifestent en plusieurs endroits du roman, points névralgiques du récit, sur le mode de la répétition obsessionnelle d'une scène dont l'irruption impromptue vient secouer la morosité d'une sexualité conjugale stérile et les ronflements fort peu romantiques de Fama :

> L'excision ! les scènes, ses odeurs, les couleurs de l'excision. Et le viol ! ses couleurs aussi, ses douleurs, ses crispations.
> Le viol ! Dans le sang et les douleurs de l'excision, elle a été mordue par les feux du fer chauffé au rouge et du piment. Et elle a crié, hurlé. Et ses yeux ont tourné, débordé et plongé dans le vert de la forêt puis le jaune de l'harmattan et enfin le rouge, le rouge du sang, le rouge des sacrifices. (*S*, 33)

> Pauvre maman ! oui, la malheureuse maman de Salimata, que d'innombrables et grands malheurs a-t-elle traversés pour sa fille ! Et surtout lors de la dramatique cérémonie d'excision de sa fille ! Elle qui avait toujours imaginé sa fille de retour du champ de l'excision, belle, courageuse, parée de cent ornements, dansant et chantant pendant qu'elle crierait sa fierté. (*S*, 34)

Cette scène où la souffrance est esthétisée, notamment par l'explosion de couleurs ardentes, vives et violentes et le contraste de leur agencement

---

7. Christophe Pradeau, «Mr Goodman, personnage reparaissant», dans Véronique Bonnet (dir.), *Conflits de mémoire*, Paris, Karthala, 2004, p. 59.

8. Philippe Hamon cité par Vincent Jouve, *L'effet-personnage dans le roman*, *op. cit.*, p. 9 et suiv.

9. Le terme est de nous.

10. Vincent Jouve, *op. cit.*, p. 212.

baroque, fait retour dans la mémoire du personnage et, partant, ne peut que constituer un des temps forts de la lecture. Associée à la stérilité de Fama, à la vaine lutte que mène l'héroïne contre cette malédiction, la scène mémorielle se manifeste à nouveau lorsque le marabout consulté pour la guérir de la stérilité sacrifie un coq :

> Le sang gicla, le sang de l'excision, le sang du viol ! [...]
> Elle : l'essoufflement et les vertiges qui l'assourdissaient, l'étreignaient, et les couleurs qui se superposaient : le vert et le jaune dans les vapeurs rouges, le tout rouge ; la douleur et les roulements du ventre, les chants dans l'aurore ; le champ de l'excision au pied des montagnes aux sommets vaporeux, le soleil sortant tout rouge, tout noyé dans le sang, le viol, la nuit et les lampes brillantes et éteintes et fumantes et les cris et les jambes piétinées, contusionnées, les oreilles meurtries, les pleurs et les cris et le pillage... (S, 74)

Cependant la vie de Salimata n'est pas seulement mémoire tragique. Si pour séduire le lecteur, le premier personnage féminin créé par Kourouma doit revêtir tous les attributs de la victime innocente, les blessures sexuelles endurées ne suscitent pas l'indignation du lecteur. Tout se passe comme si l'esthétisation de la violence situait la scène à un autre niveau de perception. Victime, Salimata n'en demeure pas moins une sorte de « miraculée », sa beauté qui a failli la condamner ne cesse de rayonner sur tout le roman, sa grâce (elle symbolise, selon l'auteur, l'essence de la « beauté malinké ») s'oppose point par point à la banalité vulgaire de son mari.

Le premier roman de Kourouma laisse poindre, en marge de l'histoire tragique et burlesque des débuts des indépendances, l'histoire d'une femme, celle d'un corps mutilé dont la mémoire garde trace. Mais la communion affective du lecteur avec Salimata outrepasse la reconnaissance du statut de victime de l'héroïne. Salimata séduit parce qu'elle introduit dans l'histoire de ce piètre pantin des indépendances et, partant, dans l'histoire des indépendances, sa part d'indocilité, de fantaisie et de révolte. Aussi les nuits que Fama partage avec Mariam, sa seconde épouse, une femme « belle, ensorcelante, exactement la femme née pour couver le reste des jours d'un homme vieillissant comme Fama » (S, 129), en un mot le prototype de la co-épouse idéale, se révèlent-elles de véritables cauchemars pour le pauvre polygame.

Les soleils des indépendances décrit ainsi une histoire de « bonnes femmes » et de belles femmes, lesquelles renversent leur statut de victimes en figure de l'indocilité. Ultime manifestation de cette indocilité :

aucune des deux femmes ne vient accueillir Fama lorsque ce dernier est libéré du camp de détention dans lequel il a été incarcéré pour avoir omis de relater son rêve aux autorités politiques. Chacune a trouvé un amant. À sa sortie du camp de détention, Fama subit tout simplement un discours politique sur «la réconciliation des cœurs» que l'on peut considérer comme un préambule romanesque aux politiques de réconciliation mises en place dans plusieurs États africains dans les années 1990[11], mais un grand vide sentimental... Tout se passe comme si la tradition et son cortège d'injonctions mémorielles était contredite par l'action volontariste des femmes; s'esquisse alors une autre construction de la mémoire.

Sans toutefois adopter le principe de polyphonie à l'œuvre dans *Monnè, outrages et défis, Les soleils des indépendances* échappe à la saisie idéologique univoque, ne se laisse pas réduire à une grille de lecture transparente. Les «personnages référentiels», selon la terminologie de Philippe Hamon[12], s'effacent devant un «personnage-anaphore»: celui de Salimata que l'on retrouve, sur un mode édulcoré, et sous le nom de Saly, dans *Yacouba, chasseur africain*. À l'instar de Salimata, Saly représente une belle jeune fille qui doit subir l'initiation contre son gré. Or sa grand-mère sait qu'elle ne reviendra pas vivante du *kenaï*, car «Saly est la plus belle de sa génération. Et jamais la plus belle ne danse la dernière ronde!» (*Y*, 50). Grâce à l'ingéniosité de Grand-mère Aïssata et de Mathieu, l'enfant français venu rendre visite à sa famille ivoirienne, Saly échappe à la mort. Salimata et Saly (diminutif de Salimata) unifient et structurent l'œuvre, selon un système de rappels: évocation de la beauté, du rituel, sauvetage ou survie merveilleuse. *Yacouba, chasseur africain* substitue au rituel de l'excision celui de la scarification: le roman destiné à la jeunesse autorise et (re)commande cette substitution. En cela il s'appuie sur une mémoire textuelle qu'il reconfigure.

C'est avec la parution de *Quand on refuse on dit non* que réapparaîtra un personnage féminin doté d'une envergure comparable à celle de Salimata et dont les lignes de vie dévoilent les silences de l'histoire. Les deux romans dont le caractère historique est sans doute le plus affirmé:

---

11. On pourra consulter, entre autres, l'article liminaire de Bogumil Jewsiewicki, «Héritages et réparations en quête d'une justice pour le passé et le présent», *Cahiers d'études des africaines*, vol. XLIV, n°s 1-2 («Réparations, restitutions, réconciliations. Entre Afrique, Europe et Amérique»), 2004, p. 7-24.

12. Voir ci-dessus note 8.

Monnè, outrages et défis et *En attendant le vote des bêtes sauvages* laissent apparaître des personnages féminins essentiellement campés dans des rôles de figurantes.

Les Figurantes et la Préférée

Monnè, outrages et défis offre une importante galerie de personnages ; les «gens de Soba» forment une masse, souvent indifférenciée, qualifiée de société «castée et esclavagiste dans laquelle chacun avait, de la naissance à la mort, son rang, sa place, son occupation» (*M*, 21), une société qui, en dépit de la résistance de Samory[13], sera rapidement vaincue par l'armée de Fadarba (Faidherbe). Si plusieurs personnages sont «empruntés» au monde de référence du lecteur, d'autres sont issus de la seule imagination de l'auteur. Les femmes, notamment les épouses du roi Djigui, composent un personnel romanesque quasiment indistinct : elles n'existent qu'en tant que femmes du souverain, fût-il déchu, elles sont rarement narratrices et semblent interchangeables ; à l'exception de certaines privilégiées, elles ne jouissent qu'exceptionnellement du droit d'être nommées. À la différence du personnage de Salimata, les femmes du second roman échappent à la saisie du lecteur, la plupart ne peuvent se prévaloir d'aucun vouloir, d'aucun savoir et, *a fortiori*, d'aucun pouvoir. Griottes et jeunes vierges sont offertes en cadeau aux Nazaréens, Djigui peut se marier avec toutes, les rares qui inscrivent durablement leur marque dans la fiction doivent ce privilège à leur beauté ou à leur parure. La comparaison, figure de style fréquente chez Kourouma, se révèle en bien des endroits du texte fortement explicite de la condition féminine : «Le pouvoir, qu'il soit toubab ou nègre, est la force. Les louanges sont indispensables à la force comme la parure l'est à la belle femme» (*M*, 54). L'effet de césure introduit par la fin de l'ère Samory et présenté dans le texte comme une rupture temporelle n'affecte pas la condition des femmes. Tout se passe comme si, à la manière des vieilles épouses édentées de Djigui croupissant dans leur case en ayant conservé un vague souvenir de leur union avec le

13. Né en 1830, Samory commence sa carrière comme commerçant (échanges d'or, traite des esclaves, commerce des armes). Engagé dans l'armée des Bérété, il est nommé *Kélétigui* (chef de guerre) et entreprend la conquête qui mènera à la formation de son empire *Wassoulou* (de la Haute-Guinée à la Haute-Volta en passant par le nord de la Côte d'Ivoire. Après avoir pris le titre d'*Almany* (commandeur des croyants), il entreprend de résister à la colonisation, ce qui amplifie son prestige. Trahi par les siens alors qu'il négociait sa capitulation, il fut exilé au Gabon et mourut en 1900.

souverain, le temps de l'histoire des femmes s'était immobilisé dans une morale de la fatalité, dans une mémoire fixée, figée : « Dans ce monde, les lots des femmes ont trois noms qui ont la même signification : résignation, silence, soumission » *(M, 129)*.

Sur cette toile de fond historique et sociale bien terne se détache la figure étincelante d'une privilégiée : Moussokoro. Cette dernière occupe une place prédominante dans le temps de l'histoire et dans le temps du récit. Promise à Djigui alors qu'elle n'est qu'une enfant, Moussokoro devient son épouse, à la fois confidente et conseillère. Le statut du personnage de Moussokoro est fort proche de celui des femmes de chefs traditionnels qu'évoque Catherine Coquery-Vidrovitch[14]. Elle est dotée d'un « vouloir » puisqu'elle aspire, contre toute logique sociale, à devenir la préférée du roi, ce dont sa mère la dissuade tout en préférant lui transmettre des conseils imparables pour y parvenir : « Un homme se possède et se tient au lit. La vraie préférée pour un homme, ce n'est pas celle qui l'est par les institutions, mais celle qui le tient au lit » *(M, 147-148)*. Grâce aux conseils maternels, Moussokoro obtient un statut spécial :

> Moussokoro revint à la charge, elle voulait être la préférée : « Non, les coutumes ne l'autorisent pas. Mais il y a mieux : tu seras la jeune femme, la "cadette" du roi. La préférée officielle est respectée par le roi ; celle de son cœur est la "cadette", c'est elle qui le guide, c'est elle qu'il écoute. » *(M, 148)*

Contrairement aux autres femmes, un portrait d'elle est brossé, construit comme un blason vantant son élégance ostentatoire : « les paupières argentées par l'antimoine », « les pieds violacés par le henné », « les lèvres charnues noircies par le piquetage » *(M, 149)*. Lorsque son fils Bema succède à Djigui, son pouvoir, conformément à la tradition, repose alors moins sur son rôle d'épouse que sur celui de mère du chef. Mais au-delà de l'influence qu'elle peut avoir sur l'histoire du royaume, Moussokoro est le sujet d'une double énonciation qui l'édifie non seulement comme personnage emportant notre sympathie, mais surtout en sujet d'une histoire complexe, à deux voix. En effet, une première version des faits et gestes de l'héroïne est tout d'abord énoncé ; lui succède une seconde version, celle des gens de Soba, plus largement de la *doxa*, qui contredit la première. L'alternance des deux versions fonde toute la complexité du personnage. Le second discours laisse planer un

---

14. Catherine Coquery-Vidrovitch, « Des reines mères aux épouses de président », *Politique africaine*, n° 95, octobre 2004, p. 23.

doute sur sa biographie et remet en question ses bonnes œuvres vantées dans la première version («Moussokoro, plus que toutes les femmes, sacrifia et distribua l'aumône» [*M*, 149]). Plus encore, Moussokoro est soupçonnée de produire une version concurrente de l'histoire narrée par les «griots-historiens», la rumeur des gens de Soba insiste sur la possibilité d'une supercherie verbale, appuyée sur des pratiques de sorcellerie, de subornation, de mensonges et de manipulations érotiques fort peu innocentes!

De fait, le personnage de Moussokoro, on l'aura vu, se détache superbement du morne magma des figurantes de l'histoire. *En attendant le vote des bêtes sauvages*, «roman politique» et «fiction du totalitarisme»[15], abandonne également les femmes dans l'ombre d'une histoire du temps présent écrite sans elles. Apparaissent, fugitivement, dépourvues de signifiés déterminants, Annette, l'épouse de l'homme au totem léopard, personnage sacrificiel dont le martyr ne suscite pas de liens affectifs solides avec le lecteur, ou encore Nadjouma, la mère du dictateur Koyaga dans le giron de laquelle le tyran aime à se réfugier… Les personnages rejoignent la horde des figurantes assignées au mutisme.

En revanche, ainsi que le note Virginie Affoué Kouassi, les femmes du premier roman que Kourouma consacre à la guerre civile, *Allah n'est pas obligé*, «prennent la figure d'amazones des temps modernes. Célibataires comme leurs modèles, général Onika Baclay Doe, mère Marie-Béatrice et sœur Hadja Gabrielle Aminata […] sont aussi des symboles de pouvoir et d'autorité[16].» Elles ne sont cependant pas narratrices. C'est avec *Quand on refuse on dit non*, titre inspiré d'une phrase qu'aurait prononcée Samory[17], que non seulement l'héroïne devient actrice de l'histoire contemporaine mais surtout énonciatrice d'un discours sur l'histoire et la mémoire au caractère didactique affirmé.

Côte d'Ivoire : la leçon d'histoire…

L'ultime fiction de Kourouma fut publiée grâce au travail de mise en forme réalisé par Gilles Carpentier pour les éditions du Seuil. Celui-ci

15. Nicola Kovač, *Le roman politique. Fictions du totalitarisme*, Paris, Michalon, 2002.

16. Virginie Affoué Kouassi, «Des femmes chez Ahmadou Kourouma», *Notre Librairie*, n° 155-156 («Ahmadou Kourouma, l'héritage»), juillet-décembre 2004, p. 193.

17. «Aux courtisans ébahis dont aucun ne croyait que la menace serait mise à exécution, Djigui lança la fameuse parole samorienne: "Quand un homme refuse, il dit non", et joignant l'acte à la parole sans attendre que le commissionnaire se fût éloigné, il commanda qu'on harnachât incontinent son coursier, le connu Sogbê qui, comme son maître l'était pour les hommes, était le plus âgé des chevaux.» (*M*, 266-267)

convient que la lecture du synopsis du roman «laisse penser que
l'auteur envisageait une construction très différente de celle qui apparaît ici à la lecture[18]». De fait, il se révèle délicat d'analyser un roman
que l'auteur n'a pu lui-même parfaire, dont le montage final lui a totalement échappé. Cette fiction présente néanmoins un intérêt pour le
lecteur de Kourouma : elle vient compléter *Allah n'est pas obligé* dont
elle est second volet, elle introduit une autre manière de narrer l'histoire
de l'Afrique de l'Ouest, en l'occurrence celle de la Côte d'Ivoire. Elle
dévoile les montages idéologiques et mémoriels d'Ahmadou Kourouma.
Birahima, l'enfant-soldat engagé dans la guerre au Libéria, revient en
Côte d'Ivoire, durant la guerre civile ; il soutient fermement le régime
de Laurent Gbagbo tandis que sa proche famille soutient le RDR[19].
Birahima, personnage bien campé dans son rôle de garnement jon-
glant avec ses différents dictionnaires, propose sa propre interprétation
de la guerre nommée «guerre tribale». L'histoire du temps présent,
telle qu'elle transparaît dans les propos de l'ancien enfant-soldat est
certes fantaisiste mais aussi pleine de «blancs», d'événements mal
compris ou maladroitement interprétés à l'aune du savoir d'un enfant
répétant à loisir qu'il n'a guère traîné sur les bancs d'une hypothétique
école. Les faibles connaissances du personnage, embarqué dans une
guerre et des luttes fratricides dont il ne maîtrise nullement les rouages,
se trouvent dominées par le discours savant, construit et maîtrisé, de la
belle et intelligente Fanta, sans laquelle Birahima n'existerait pas. Fanta
— cela a déjà été suggéré — s'inscrit dans la continuité des personnages de Salimata et, dans une moindre mesure, de Saly. L'accent est mis
sur sa beauté, laquelle, comme pour d'autres personnages féminins, se
trouve ethnicisée par le langage de Birahima : «belle comme un masque
gouro» (*Q*, 31). Fanta et Birahima cheminent du sud de la Côte d'Ivoire
vers le nord, jusqu'à la ville de Bouaké. Durant cette longue fuite,
Fanta entreprend de faire l'éducation de son jeune camarade. Ce dernier, plein d'enthousiasme, se lance dans une vaste quête d'érudition
qui le ramène inexorablement à la situation tragique de son pays :

> Elle a commencé par m'annoncer quelque chose de merveilleux. Pendant
> notre voyage, elle allait me faire tout le programme de géographie et d'his-
> toire de la medersa. J'apprendrais le programme d'histoire et de géogra-
> phie du CEP, du brevet, du bac. Je serais instruit comme un bachelier. Je

---

18. Gilles Carpentier, «Note sur la présente édition» (*Q*, 147).
19. Rassemblement des Républicains.

connaîtrais la Côte d'Ivoire comme l'intérieur de la case de ma mère. Je comprendrais les raisons et les origines du conflit tribal qui crée des charniers partout en Côte d'Ivoire (ces charniers qui apportent de l'humus au sol ivoirien). (*Q*, 41)

Le contraste est net entre les faits narrés par Birahima, dans un style oral ponctué d'adresses au lecteur auquel *Allah n'est pas obligé* nous avait habitués, et le cours magistral, paré de toutes les conventions du genre. Kourouma construit, grâce aux discours des deux personnages, une perception distincte de l'histoire contemporaine du pays, une mémoire certes distincte de la fable officielle, mais elle aussi fortement idéologisée. D'une part, la perception d'un enfant, personnage type exerçant une forte séduction sur le lecteur, d'autre part, celle d'une jeune femme cultivée que l'auteur investit, selon Gilles Carpentier, des qualités d'érudition de sa propre fille, Sophie Kourouma[20]. Le texte travaille ici à partir d'une mémoire personnelle de type autobiographique. Ce qui est nommé «histoire» ou encore «roman vrai» dans le péritexte (la postface) relève d'une interprétation idéologisée de l'histoire du temps présent. L'ensemble des faits et événements narrés n'est pas totalement inexact mais comporte une forte part de commentaires idéologiques qui, si l'on s'en tient à une définition de l'histoire comme discipline, ne participe pas de ce champ disciplinaire. Fanta brosse, jour après jour, une vaste fresque de la Côte d'Ivoire, oscillant entre mythe, mémoire et histoire : l'on retrouve des pans entiers déjà évoqués dans les précédents romans ; affleurent aussi des questions politiques : l'influence de la guerre froide, l'ivoirité, «le conflit tribal», ou encore des événements dramatiques, résultat de la brutalisation des rapports sociaux et de la lutte acharnée des élites pour le pouvoir politique : massacre de Yopougon[21], massacre chez les Gueï[22]. Fanta livre sa définition de l'ivoirité, définition qui fonde son propre mythe des origines :

20. Gilles Carpentier, «Note sur la présente édition» (*Q*, 147).

21. Le 27 octobre 2000 est découvert à Yopougon (quartier populaire situé au nord-est d'Abidjan) un charnier de cinquante-sept personnes. Cette découverte est intervenue dans un contexte politique insurrectionnel, quelques jours après l'élection présidentielle opposant le général Robert Gueï à Laurent Gbagbo.

22. Après une carrière militaire (il est notamment nommé chef d'état-major par le président Houphouët-Boigny), le général Gueï a destitué, le vendredi 24 décembre 1999, le président Henri Konan Bedié. Gueï fut assassiné lors de la tentative de coup d'État, en septembre 2002, avec son épouse et les gens qui étaient dans sa maison.

On ne connaît pas avec précision l'histoire paléolithique du pays. Pourtant, le peuplement du pays a une importance majeure dans le conflit actuel. À cause de l'ivoirité. L'ivoirité signifie l'ethnie qui a occupé l'espace ivoirien avant les autres.

Tous les Ivoiriens semblent d'accord sur un point : les premiers des premiers habitants du pays furent les Pygmées. Du sud au nord, de l'est à l'ouest, lorsqu'on demande à des vieux à qui appartient la terre, la réponse est toujours la même : de petits hommes au teint clair (dans certaines régions, on les appelle les petits diablotins), vivant dans les arbres, armés d'arcs et de flèches, sont les maîtres de la terre. (*Q*, 55)

On comprendra que le discours édifiant de Fanta ne vise pas la vérité historique. Rappelons qu'

à l'origine le thème de l'ivoirité n'était pas du tout conçu comme une idée d'exclusion mais plutôt d'intégration. Devant la multiplicité des groupes de populations et d'ethnies très mélangées, aussi bien dans les campagnes que dans les villes, et qui pouvait entraîner des tensions, affirmation d'une volonté nationale, sur le leitmotiv « Nous sommes tous des Ivoiriens »[23].

L'ivoirité, comme la plupart des doctrines identitaires, « ne recouvre rien de précis et c'est bien ce qui fait sa force », précisent Claudine Vidal et Marc Le Pape[24]. Qu'en est-il alors de ce roman présenté comme un « roman vrai » ? Il serait fastidieux de relever les nombreuses interprétations, plus ou moins hasardeuses ou subjectives, de l'histoire récente de la Côte d'Ivoire réduisant *ipso facto* la distance supposée entre histoire et mémoire. Il semble plus intéressant de noter que la narratrice vit l'exode en même temps qu'elle raconte une histoire idéologisée ; c'est bien toute la puissance de la fiction : temps de l'histoire, temps du récit et temps de l'Histoire finissent par se fondre lorsque le couple parvient à Bouaké. Il semble aussi plus intéressant de montrer que, d'un roman à l'autre, les personnages féminins de Kourouma occupent des positions distinctes dans le champ de la fiction : Salimata, nous l'avons vu, attire la sympathie du lecteur en raison de son rôle de victime et de femme rebelle ; les personnages féminins qui peuplent les romans suivants apparaissent dans le clair-obscur d'une histoire/Histoire qui s'énonce et s'écrit presque sans eux. *Quand on refuse on dit non* modifie

23. Marc Le Pape et Claudine Vidal, « Entretien », *Nouvel Observateur*, n° 1984, 14 novembre 2002.

24. Marc Le Pape et Claudine Vidal, « Postface » à *Côte d'Ivoire. L'année terrible*, Paris, Karthala, 2003.

fortement le paradigme : le discours reçu comme histoire, plus précisément leçon d'histoire et acte de mémoire, est mis dans la bouche
d'une femme qui, avec tendresse mais non sans fermeté, en profite
pour rappeler au petit Birahima les principes de l'égalité des sexes
jugés élémentaires :

> Attention, petit Birahima. Pour qu'un couple fonctionne bien, il faut que
> l'homme et la femme aient le même niveau d'instruction. Moi, je dois aller
> au Maroc, à l'université franco-arabe. Je serai licenciée et toi, tu n'auras
> même pas eu ton certificat d'études. (Q, 139)

Le personnage féminin participe dès lors de l'ambitieuse narration de
l'histoire ; dans le même temps, la polyphonie à l'œuvre dans *Monnè,
outrages et défis* cède la place à une narration à deux voix, plus dogma-
tique, moins complexe, construite par un tiers (Gilles Carpentier),
soucieux de nous livrer l'œuvre testamentaire, nécessairement mémorielle, d'Ahmadou Kourouma.

Conclusion

Les personnages féminins sont-ils figurants ou figures de l'histoire dans
l'œuvre du romancier ivoirien ? Certains se fondent dans une masse
indistincte ; on imagine que si un texte comme *Monnè, outrages et défis*
était adapté au cinéma, le réalisateur devrait réunir un grand nombre
de femmes, ne serait-ce que pour jouer les rôles, mineurs, des épouses
de Djigui ! Des figures étincelantes se détachent : Salimata, Saly, Moussokoro, Fanta, femmes dont l'histoire nous est contée. Le romancier se
plaît à souligner leur éclat (brillant du geai de la peau de Saly), à insister
sur leur parure (splendide boubou ou culotte courte et sac touareg).
Notre relation émotionnelle envers elles dépend de l'agencement esthétique des œuvres. Glisse-t-on, au fil de l'œuvre, du « féminin », posture
anthropologiquement et socialement construite, au(x) féminisme(s) ?
Rien n'est moins sûr. À tout le moins, Fanta endosse-t-elle le rôle de
maîtresse d'une école ambulante, répétitrice d'un cours particulier très
spécial, enté sur l'enlèvement de son père et de son frère par des escadrons de la mort. Son cours relate les massacres en même temps que
les personnages rencontrent les rescapés des carnages et grossissent le
flot des réfugiés ivoiriens fuyant le sud du pays pour Bouaké. Fanta
devient actrice et narratrice de l'histoire, virtuose d'un exercice d'érudition, tandis que le politique semble réduit à quelques cendres, une

poignée de mensonges et des monceaux de cadavres dont Yopougon est un des lieux emblématiques. Le temps où Laurent Gbagbo usait de la métaphore de « chasseur d'éléphants[25] » pour saluer Ahmadou Kourouma est révolu. Vacance du politique dans le dernier roman et, surtout, absence de personnages politiques que les œuvres antérieures de Kourouma n'avaient pourtant cessé de dépeindre. N'est-il plus possible de représenter la cité quand les liens sociaux qui la fondent se désagrègent ? La mémoire littéraire de celui auquel la littérature aura permis un « reclassement symbolique » palliant son « déclassement social[26] » laisse toutefois entrevoir combien le romancier a su investir dans le personnage de Fanta son fonds symbolique personnel : la reconfiguration d'une histoire-mémoire des temps présents dans laquelle les femmes seraient enseignantes de l'histoire, les précurseurs d'un nouvel art de la mémoire et, *in fine,* de potentielles maîtresses de leur histoire !

---

25. Cité par Caroll F. Coates, « Présentation » de « Ahmadou Kourouma, écrivain polyvalent », *Présence Francophone*, n° 59, 2002, p. 6.

26. Justin K. Bisanswa, « Jeux de miroirs : Kourouma l'interprète ? », *Présence Francophone*, n° 59, 2002, p. 13.

Kourouma ou les errements du témoin africain dans l'impasse de l'histoire

ARMELLE CRESSENT

Dans son premier roman, *Les soleils des indépendances*, Kourouma campe un président africain demandant à ceux qu'il a fraîchement torturés de *tout* oublier. C'est sous les applaudissements qu'il tient un discours de «réconciliation nationale»: «Le président demandait aux détenus d'*oublier le passé*, de le pardonner» (*S*, 173; nous soulignons). Victime de ce président mais sans audience pour être écouté, Fama n'a d'autre recours que de garder en lui l'expérience de la torture. À n'en pas douter, le rapport entre écriture, mémoire et histoire immédiate constitue un axe de lecture obligé de l'œuvre de Kourouma. Ses romans, inspirés de l'actualité au moment de l'écriture, révèlent un constant souci de faire passer l'histoire immédiate dans la mémoire ou dans l'actualité du lecteur. La mimésis est souvent poussée à l'extrême: «J'écris les choses comme elles sont[1].» D'ailleurs, au début de sa carrière d'écrivain, l'essai attirait Kourouma:

> J'avais voulu écrire un essai mais je m'étais vite rendu compte qu'un essai contre Houphouët-Boigny, qui était l'un des principaux alliés de l'Occident empêtré alors dans la guerre froide, n'aurait aucune chance d'être publié. Je me suis donc tourné vers la fiction[2].

Le romancier ramène constamment, naïvement même, son écriture à une simple expression du réel: «Les gens pensent que ce que je raconte

---

1. Propos recueillis par Thibault Le Renard et Comi Toulabor, «Entretien avec Ahmadou Kourouma», *Politique africaine*, n° 75, octobre 1999, p. 178.

2. Dans Tirthankar Chanda, «Les derniers mots d'Ahmadou Kourouma», 11 décembre 2003, <http://www.rfi.fr/actufr/articles/048/article_25500.asp>.

dans mon livre [*En attendant le vote des bêtes sauvages*] relève de la fiction alors qu'il s'agit de faits réels[3]».

Certaines pages, comme les portraits de Samuel Doe et Foday Sankoh dans *Allah n'est pas obligé* ou les descriptions des «hommes nus» dans *En attendant le vote des bêtes sauvages,* s'éloignent à peine de la description sociopolitique ou même ethnologique alors que le récit de Birahima, enfant-soldat dans *Allah n'est pas obligé* prend carrément la forme d'un témoignage. C'est donc autour du *témoin* et du *témoignage* que j'engagerai ma réflexion, même si pour l'historien de métier, témoigner dans la fiction apparaît comme une erreur d'aiguillage. Cependant, témoigner *en tant qu'Africain* ou faire témoigner un Africain, sans que le récit ne soit soumis à de multiples contraintes, n'est pas chose simple[4]. Si la microhistoire et l'histoire du temps présent font grand usage de témoignages[5], les Africains, eux, n'accèdent que très rarement au statut de témoin, de sorte que le conflit à la fois inévitable et salutaire entre la mémoire de survivants africains et les versions dites scientifiques de l'histoire institutionnelle reste étouffé. Par conséquent, c'est peut-être grâce à un chassé-croisé entre fiction et réalité qu'il est donné à Kourouma de devenir lui-même témoin en créant avec ses lecteurs une audience pour ses témoignages, et de fabriquer de toutes pièces par la fiction un témoin comme Birahima.

Nous aborderons quelques composantes épistémologiques essentielles au témoignage, tel qu'il est utilisé par les historiens, en commençant par nous interroger sur la réception de Kourouma et sur ses conséquences quant à la crédibilité du témoin *africain.* Ce sera l'occasion d'aborder également le rapport complexe entre réalité et fiction tel que l'auteur le conçoit dans ses interviews et dans son œuvre. Nous verrons comment l'obsession du témoignage pousse l'écrivain à la création fictionnelle d'un témoin, ce qui nous permettra d'envisager la

---

3. Propos recueillis par Thibault Le Renard et Comi Toulabor, *loc. cit.*, p. 179.

4. On sait que les témoignages oraux jouent un rôle considérable dans le conflit entre la mémoire des survivants et l'histoire déjà écrite, et l'on peut imaginer le rôle qu'ils joueraient pour une histoire que l'on préfère ne pas écrire ou sur laquelle les procédures de contrôle sont particulièrement strictes. Sans pouvoir nous étendre sur le sujet, nous voulons suggérer qu'il est pour l'Africain survivant ou témoin d'un événement «incompatible» avec la version officielle de l'histoire, soit celle de son État soit celle de l'ancienne puissance colonisatrice, voire des deux, particulièrement difficile, pour ne pas dire impossible, d'accéder au statut de témoin.

5. Paul Ricœur, *La mémoire, l'histoire, l'oubli,* Paris, Seuil, coll. «L'ordre philosophique», 2000, p. 226.

dimension dialogale du témoignage. Pour terminer, nous essaierons de dégager quelques procédés narratifs en mettant en évidence les difficultés du *je* (indispensable au témoignage) à s'imposer et à se stabiliser dans le récit fictionnel que nous comparerons à un véritable témoignage d'enfant-soldat. L'objectif est de montrer comment la lecture de Kourouma permettrait d'aborder l'instabilité du témoin *africain* sur le plan épistémologique en histoire, bien différent de celui d'un simple conflit d'intérêt entre divers champs, qu'ils soient d'ordre littéraire, mémoriel, culturel ou encore politique.

1. Kourouma ou la difficile quête d'individualité du témoin africain

Kourouma est-il un García Márquez quasi shakespearien[6] ou un Voltaire africain[7]? Les comparaisons sont flatteuses, mais sous l'éloge couve le piège car faut-il traduire à ce point, par des procédés analogiques, l'Afrique et ses ressortissants en soulignant une ressemblance quasi totale avec ce que l'Occident a déjà validé pour que leur existence soit représentable? En comparant *En attendant le vote des bêtes sauvages* à du grand Márquez, Érik Orsenna ne refuse-t-il pas à Kourouma la voie qui, en écriture, fut la sienne? Certes, Kourouma est romancier. Il est donc normal et rassurant qu'il soit évalué à l'aune de ses pairs français ou colombiens et que, pour une fois, la création d'un Africain ne soit pas cloisonnée dans une africanité figée. Mais y a-t-il réellement décloisonnement quand une écriture est déclarée duplicata d'une autre? Selon Dominique Mataillet, les confrères africains de l'écrivain, dans les années 1970, parce qu'ils avaient trop mimé Malherbe et Vaugelas, n'auraient réussi «que d'honorables dissertations scolaires[8]». Kourouma, en tant que mathématicien, aurait été beaucoup moins imprégné de la langue française telle que la colonisation avait tenté de l'inculquer à une sélection de colonisés, et il a pu, de ce fait, réussir, selon Érik Orsenna, des prouesses inattendues et bienvenues:

6. Érik Orsenna, propos recueillis par Tirthankar Chanda, «Érik Orsenna se souvient d'Ahmadou Kourouma», 27 août 2004, <http://www.rfi.fr/actufr/articles/056/article_300097.asp>.

7. Dominique Mataillet, «Ahmadou Kourouma, un Voltaire africain», 14 décembre 2003, <http://www.lintelligent.com/articleImp.asp?art_cle>.

8. *Ibid.*

> C'est merveilleux ce qu'il a su faire avec le langage académique que la France coloniale avait légué aux Africains. […] Et il me semble que cette subversion linguistique était possible parce qu'étant mathématicien, Kourouma n'avait pas la même relation avec le français que les Africains plus littéraires[9].

Autrement dit, quand l'Africain mime le modèle colonial, la copie reste médiocre alors que quand il s'en émancipe, il excelle pour finalement ressembler à… ce que la France fait de mieux, au point de devenir un *Voltaire africain*. L'éloge est grand mais l'émancipation, en quelque sorte, échoue : Kourouma en tentant l'aventure de la création littéraire s'extirpe de la damnation africaine mais seulement pour mieux se retrouver copie conforme de l'Occident !

Il n'est pas question de discuter la place de Kourouma dans la littérature mais de souligner à quelles difficultés fait face le romancier africain dont l'ambition est d'être le témoin de son vécu et sur lequel se superposent par analogie d'autres identités, lui ôtant d'emblée l'individualité nécessaire au statut de témoin qu'il revendique. Pire encore pour ce statut, Érik Orsenna voit en Kourouma « la voix de son peuple » et même celle « de tout un continent » où l'analphabétisme fait rage, et où l'accès au livre reste plus que limité. La mesure de la popularité de l'un ou de l'opinion des autres est par conséquent impossible. Déclarer Kourouma voix de tout un continent participe du même arbitraire que de faire d'un Houphouët-Boigny le père d'une nation tant l'opération dépossède les Africains de leur voix et dédouane justement de la fastidieuse recherche des témoignages (individuels par nature). Ce ne peut être qu'au prix du reniement d'individualités que de telles étiquettes s'attribuent. Là se situe un des premiers obstacles fondamentaux que l'individu Kourouma, Africain, assureur de son métier et romancier par stratégie, doit affronter pour témoigner. Le statut de témoin ne s'acquiert pas en qualité de représentant, que ce soit d'une ethnie, d'une nation, ou encore d'une religion : la dimension intrinsèque du témoignage est individuelle. En revendiquant le statut de témoin, Kourouma accepte forcément d'être, d'un côté, un « je » parmi plusieurs et, d'un autre côté, de rester conforme à une réalité factuelle des événements qu'il a vécus. De fait, l'écrivain assure vouloir témoigner *en son nom* :

> J'ai toujours voulu témoigner. J'écris et je dis : voilà ce que j'ai vu. […] Cette fois, j'ai pris la guerre froide, et *c'est moi qui l'ai vue*. L'axe principal

---

9. Érik Orsenna, *loc. cit.*

du roman [*En attendant le vote des bêtes sauvages*] est pour moi de témoigner. C'est *ma vision de l'histoire* qui est déterminante dans mes romans[10].

Kourouma lie, on le voit, réalité et témoignage, et surtout événement et dimension individuelle du vécu. C'est donc en acceptant de lui accorder le statut de témoin qu'il réclame, avec les réserves qu'il conviendra évidemment de préciser, que nous abordons son écriture.

Le roman qui, selon Kundera, constitue «le meilleur espace de liberté possible», n'est évidemment pas réservé aux auteurs africains. C'est ici plus sur «l'africanité» du témoin et sur ce qu'elle implique pour la perception de son œuvre et de son témoignage que nous insistons, car comme le dit encore Kundera, «personne ne connaîtrait Kafka aujourd'hui [...] s'il n'avait été tchèque[11]». Tout n'est pas dans l'œuvre, ni dans le texte. Kourouma, romancier ivoirien, est avant tout *un Africain* et nul doute que si sa langue est sujette à tant de commentaires, ce n'est pas seulement parce qu'elle est créative, ni parce qu'elle ose s'émanciper du français de France mais aussi parce qu'elle est le fait d'un Africain et qu'un Africain qui écrit est un événement en soi[12]. Chez les africanistes par exemple, la non-maîtrise du français est utilisée pour «expliquer» l'absence d'auteurs africains dans leurs revues[13]. Même s'il s'agit d'un dernier recours pour justifier une aberration, il est significatif qu'il s'accroche à la langue et cela prouve que l'africanité de l'auteur joue un rôle dans la perception que nous avons de sa production et dans la justification de sa (non) présence. Analyser en détail le rapport entre langue et témoignage eut été fort intéressant mais nous ne pouvons que l'effleurer étant donné que le problème du témoignage se pose à un niveau encore bien plus primaire que celui de la langue, à savoir la possibilité pour un Africain de contrôler la stabilité de son propre discours. Les rapports de Kourouma et de l'édition permettront de mettre en évidence cet aspect.

10. Propos recueillis par Yves Chemla, «*En attendant le vote des bêtes sauvages* ou le donsomana. Entretien avec Ahmadou Kourouma», *Notre Librairie*, n° 136, janvier-avril 1999, p. 27 (nous soulignons).

11. Dans Philippe Lançon, «L'avis est un roman», *Libération*, Paris, 7 avril 2005, p. 4.

12. Nous ne pouvons développer cet aspect mais l'écriture fut et reste encore dans bien des cas la mesure d'une éducation «occidentale» réussie, comme si elle demeurait le propre de l'Occident déposant *sa* marque *sur* l'Afrique.

13. Comme le montre l'avis de l'africaniste Catherine Coquery-Vidrovitch: «Le français africain n'est pas le français de France et exige un toilettage que bien peu de revues sont disposées à fournir à supposer qu'elles en aient les moyens, le mode de raisonnement manque parfois de rigueur cartésienne [...]», dans «Réflexions comparées sur l'historiographie africaniste de langue française et anglaise», *Politique africaine*, n° 66, 1997, p. 94.

2. Témoignage africain et (in)stabilité du discours

Témoigner, c'est produire, selon l'historien Renaud Dulong, « un récit autobiographique certifié d'un événement passé, que ce récit soit effectué dans des circonstances informelles ou formelles[14] ». Pour les historiens, en effet, le témoignage amorce un procès épistémologique débutant par le recueil d'un récit autobiographique, effectué sur la base d'une mémoire *individuelle* pouvant se poursuivre par le passage à l'archive — ou au moins par l'acquisition d'un statut de « source » ou de « document » — et finissant, après toute une série de mesures véri-ficatives, par un statut de preuve documentaire[15]. Le témoin *fiable* est celui qui, dans le temps, peut maintenir son témoignage car il doit « être capable de répondre de ses dires devant quiconque lui demande d'en rendre compte[16] ». Aucune de ces étapes n'est nécessaire avec l'écriture fictionnelle, et si des historiens ont accepté d'aller chercher de l'histoire dans des romans et de les élever ainsi au statut de « source », c'est moins pour reconstituer des événements que pour identifier les stratégies mises en place pour contourner les pouvoirs qui participent de leur occultation[17]. En outre, même si l'histoire en tant que discipline s'est largement émancipée de l'idée de produire un récit conforme à la réalité, il n'en reste pas moins qu'elle ne peut accepter à titre de « preuve documentaire » une once de fiction. Cela reviendrait à se saborder. L'histoire conçoit désormais d'être récit, au même titre que la fiction, mais elle revendique ce que Jacques Rancière appelle une « poétique du savoir », c'est-à-dire un « ensemble d[e] procédures litté-raires par lesquelles un discours *se soustrait à la littérature*, se donne un statut de science et le signifie[18] ».

Kourouma ne se soustrait pas à la littérature : il y entre même de plain pied. Sans chercher à se donner un statut scientifique, il fait tout

14. Cité par Paul Ricœur dans *La mémoire, l'histoire, l'oubli, op. cit.*, p. 203-204.

15. Voir *ibid.*, p. 201.

16. *Ibid.*, p. 206.

17. Voir les démarches des « Subaltern Studies » qui, aux sources classiques constituées notamment par les archives, ont ajouté la poésie, la peinture, la littérature, le cinéma, bref les arts en général (Mamadou Diouf, *L'historiographie indienne en débat. Colonialisme, natio-nalisme et sociétés postcoloniales*, Paris, Karthala, 1999, p. 19). C'est aussi en partie par la lit-térature qu'est passée la déconstruction des représentations occidentales du monde non occidental et c'est donc par son intermédiaire qu'il est possible de retrouver les traces de cet assaut, comme le montre également Edward D. Saïd dans son ouvrage *Culture et impé-rialisme*, Paris, Fayard/Le Monde diplomatique, 2000.

18. Jacques Rancière, cité par Roger Chartier, *Au bord de la falaise. L'histoire entre certi-tudes et inquiétude*, Paris, Albin Michel, 1998, p. 91 (nous soulignons).

pour signifier que ses romans sont histoire et témoignage. Il insiste par exemple sur le fait qu'il écrit sans grossir ni déformer la réalité : « De toute façon, ce que je dis des dictateurs n'est pas excessif ; ce que je dis est vrai. Ce sont des choses qui ont été[19]. » À l'en croire, *En attendant le vote des bêtes sauvages* serait presque de l'histoire sans les noms propres : « Ce que je dis de Houphouët, ce que je dis de Bokassa et des autres a déjà été écrit. *C'est l'histoire*[20]. » Lorsqu'il ajoute : « Mais ce sont d'abord des personnages de roman », on serait tenté de lui demander ce qui en fait des personnages de roman s'il ne leur manque que leur nom propre pour être plus vrais que nature ? Kourouma s'exprime sur son écriture plus comme un historien que comme un romancier : il dit avoir voulu « présenter la guerre froide » ou « rechercher une synthèse » ; il affirme aussi avoir minimisé, dans *En attendant le vote des bêtes sauvages*, le rôle des enfants de la rue par rapport aux événements[21]. Tout se passe comme s'il devait faire référence à ce qui a été hors et avant le texte *romanesque* dont la fonction première, pour l'écrivain, serait la restitution d'un avant purement historique. Or, cette attitude participe pleinement de ce que Roger Chartier conçoit comme une règle du récit véridique :

> Récit parmi d'autres récits, l'histoire se singularise pourtant par le fait qu'elle entretient un rapport spécifique à la vérité, ou plutôt que ces constructions narratives entendent être la reconstitution d'un passé qui a été. Cette référence à une réalité située hors et avant le texte historique et que celui-ci a pour fonction de restituer, à sa manière, n'a été abdiquée par aucune des formes de la connaissance historique ; mieux même, elle est ce qui constitue l'histoire dans sa différence maintenue avec la fable et la fiction[22].

Écrire le vrai dans le roman revient pourtant à s'égarer à moins que l'on se souvienne que Kourouma a contourné, avec *Les soleils des indépendances*, la censure. La fiction peut alors être considérée comme un espace réinvesti, comme une *trajectoire*, apparemment insensée du fait de la non-cohérence entre lieu et intentionnalité[23]. Mais Kourouma, en bon témoin conscient de ses obligations et de la fragilité d'un témoignage en littérature, répète inlassablement dans ses interviews qu'il ne fait que dire la vérité et rien que la vérité.

19. Propos recueillis par Yves Chemla, *loc. cit.*, p. 27.
20. *Ibid.*, nous soulignons.
21. *Ibid.*
22. Roger Chartier, *op. cit.*, p. 247.
23. Michel de Certeau, *L'invention du quotidien. 1. Arts de faire*, Paris, Gallimard, 1990, p. 57.

Comme il égratignait l'ami Houphouët-Boigny, l'écrivain avait estimé préférable d'écrire un roman plutôt qu'un essai dans lequel une vérité dérangeante, circulant sans masque, poserait problème[24]. Dans le pré carré franco-africain, la stratégie ne fut pas suffisante. Le roman *Les soleils des indépendances* fut refusé par les éditeurs français et d'abord publié au Canada en 1968. Les éditions du Seuil n'ont racheté que deux ans après les droits de publication[25]. Quelque trente ans plus tard, l'éditeur refuse encore au romancier la liberté de nommer ses personnages conformément à la réalité. Sur les noms, il exige de la *vraie* fiction et, craignant les conflits juridiques, il demande à l'écrivain de les *romancer* :

> J'ai voulu écrire ce roman [*En attendant le vote des bêtes sauvages*] avec ces noms [Houphouët-Boigny, Mobutu, Hassan II, Bokassa…] mais mon éditeur m'en a dissuadé. Selon lui, cela risquait d'entraîner de graves conflits juridiques […]. Officiellement, il ne s'agit pas de dirigeants africains[26].

Les discours sur l'Afrique n'ont jamais été totalement protégés par la fiction. Au nom du vrai, Maryse Condé s'est fait traquer par Anne-Marie Jeay, une ethnologue zélée, jusque dans son roman *Ségou*. L'africaniste prétendait contrôler *scientifiquement* la fiction de Condé qui *se trompait* sur l'histoire malinké[27]. Dans le cas de Kourouma, la démarche est « inverse ». Personne ne lui reproche la fausseté de sa fiction. Bien au contraire, c'est le trop vrai, considéré comme trop dangereux, qui doit être rectifié. Inutile de s'étendre sur les raisons qui font qu'un éditeur est méfiant quand il s'agit de traiter les dictateurs Bokassa, Houphouët-Boigny, Éyadéma, Hassan II, etc., avec lesquels la France entretient de cordiales relations. Le roman, envisagé par l'auteur comme un « espace de liberté » pour témoigner, se révèle être une surface bien contrôlée, alors que rien dans les logiques de la création littéraire ne peut interdire le choix d'un nom propre[28]. En histoire, le

---

24. Le tortionnaire de Fama dans *Les soleils des indépendances* n'est autre que le président Houphouët-Boigny.

25. Justin K. Bisanswa, « Jeux de miroirs : Kourouma l'interprète ? », *Présence Francophone*, n° 59, 2002, p. 12.

26. Propos recueillis par Thibault Le Renard et Comi Toulabor, *loc. cit.*, p. 178.

27. Voir Cilas Kemedjio, *De la négritude à la créolité. Édouard Glissant, Maryse Condé et la malédiction de la théorie*, Hambourg, Lit, 1999, p. 74-76.

28. Le contrôle sur les noms propres pourrait être objet d'analyse. Nombreux sont les africanistes qui se gaussent des noms égyptiens donnés aux enfants. Ils y voient bien souvent ce qu'ils perçoivent comme une dérive diopiste ou afrocentriste. Le livre *Afrocentrismes* regorge de ce genre de railleries (François-Xavier Fauvelle-Aymar, Jean-Pierre Chrétien et Claude-Hélène Perrot, Paris, Karthala, 2000). Anne-Marie Jeay, dont il était question plus haut, avait elle aussi disséqué le nom de Maryse Condé en opposant le « Condé » africain

geste de l'éditeur reviendrait à déformer le référent réel, base du
témoignage, et donc à saper toute crédibilité au discours historique.
Rectifier la fiction ne laisserait aucune trace si l'auteur n'avait pour-
suivi son témoignage hors roman, dans une interview, en racontant
son intention première contrecarrée par l'éditeur. Cette rectification
participe d'un contrôle strict de la frontière entre réalité et fiction,
frontière fragile sur laquelle se jouent justement, selon Paul Ricœur,
les conditions épistémologiques du témoignage[29]. À moins de bafouer
les règles les plus élémentaires, le témoignage en histoire ne souffre
aucune modification des noms et la place de Kourouma met certainement en évidence une des raisons pour lesquelles les historiens,
en France, par crainte de ce qu'ils pourraient révéler d'un passé peu
glorieux, ont si peu recours aux témoignages d'Africains, alors que
ces derniers pourraient ou auraient pu pallier l'absence d'archives si
souvent invoquée pour tenter d'expliquer le peu d'études sur la violence coloniale. Reconnaître un Africain comme témoin reviendrait à
lui accorder la capacité d'authentifier et de nommer. Or, qu'il confirme
ou infirme le caractère véridique, l'historien doit «justifier», et il est
bien plus confortable de ne convoquer aucun témoin ou de n'en
convier qu'un seul en l'étiquetant «voix de son peuple», et de postuler
que le discours de celui-ci, trié sur le tas, est aussi celui de toute une
communauté.

3. Sciences sociales et donsomana malinké comme matériau romanesque

La littérature dispose d'un «pouvoir inaugural» (Derrida) et rien ne
devrait l'empêcher de créer un personnage «Houphouët». Le réel peut
être son référent sans qu'elle cherche d'ailleurs à produire un discours
de vérité. Aussi est-il incongru d'évaluer la fiction, comme le fit l'ethnologue Anne-Marie Jeay, en la plaçant sous un régime de vérité. Ici, le
cas est différent. Le roman, pour Kourouma, est un espace réinvesti
pour témoigner. L'écrivain adopte le roman tout en souhaitant entrer
dans un registre de vérité tenu comme tel. Pour autant, le support
reste le genre romanesque que le lecteur n'est pas censé lire comme un

---

à la «Maryse» guadeloupéenne comme si le nom d'artiste devait être lui aussi naturellement soumis à la vindicte africaniste ; voir Cilas Kemedjio, *op. cit.*, p. 76. C'est ici le pouvoir de nommer qui est refusé.

29. Voir Paul Ricœur, *La mémoire, l'histoire, l'oubli, op. cit.*, p. 202.

témoignage. Ce que nous voudrions donc montrer, c'est que Kourouma, pour rappeler son lecteur à la «vérité de son texte», transforme en matériau littéraire non seulement son expérience, mais aussi des procédés narratifs propres à véhiculer des discours de vérité. Il «mime» ainsi des discours qui ont un lien beaucoup plus ténu avec le vrai. C'est le cas des sciences sociales et du donsomana, technique de narration utilisée par les griots malinkés pour conter les récits de chasse ainsi que les luttes magiques entre les chasseurs et les fauves[30].

Nous avons jusqu'à maintenant examiné les indices laissés par l'écrivain *hors roman*, dans ses interviews, où il n'a cessé de «s'autodésigner sujet témoignant[31]», étape incontournable à la constitution du témoignage. Il s'agit maintenant d'aborder l'organisation *interne* du récit dans laquelle Kourouma s'est efforcé de mimer le discours historique, considéré ici comme une réalité sur laquelle la représentation littéraire peut parfaitement s'appliquer. En créant ce que Michael Riffaterre appelle «illusion référentielle[32]», Kourouma a donné à son écriture une allure de narration historique avant de produire, avec Birahima dans *Allah n'est pas obligé*, un témoin livrant son témoignage.

Le romancier utilise en effet des descriptions dans lesquelles la réalité est quasiment «paraphrasée», terme qu'utilise Waberi pour *Allah n'est pas obligé*[33]. Dans *En attendant le vote des bêtes sauvages*, dont la narration est beaucoup plus complexe et «romanesque» car moins descriptive, Kourouma insère des références à l'histoire, à l'ethnologie, à l'actualité sociale, voire économique, donnant ainsi à son récit une impression d'organisation «feuilletée» propre, selon Michel de Certeau, au récit d'histoire[34]. Ces références fonctionnent comme des effets de réalité

30. Récit épique et purificatoire, le donsomana se décompose en plusieurs veillées selon Gérard-Marie Noumssi et Rodolphine Sylvie Wamba («Créativité esthétique et enrichissement du français dans la prose romanesque d'Ahmadou Kourouma», *Présence Francophone*, n° 59, 2002, p. 45-46). Nous nous appuyons également sur les déclarations de l'auteur qui explique avoir cherché un type de narration capable de recueillir la dimension magico-religieuse du pouvoir en Afrique (voir Thibault Le Renard et Comi Toulabor, *loc. cit.*, p. 178-179).

31. Nous empruntons la formule à Paul Ricœur, *La mémoire, l'histoire et l'oubli, op. cit.*, p. 204.

32. Michael Riffaterre, «L'illusion référentielle», dans Roland Barthes, Léo Bersani, Philippe Hamon, Michael Riffaterre et Ian Watt, *Littérature et réalité*, Paris, Seuil, coll. «Points», 1982, p. 91.

33. Abdourahman A. Waberi, dans Tirthankar Chanda, «Abdourahman A. Waberi se souvient d'Ahmadou Kourouma», 27 août 2004, <http://www.rfi.fr/actufr/articles/056/article_30098.asp>.

34. Michel de Certeau, cité par Roger Chartier, *op. cit.*, p. 93.

autour desquels se déploie le récit fictionnel. Leur provenance n'étant jamais spécifiée, elles ne sont évidemment pas de véritables références et encore moins des citations. Aussi les appellerons-nous *descriptions référentielles*. Elles contribuent cependant de la même façon à créer l'effet de réel, censé apporter dans la fiction une sensation de « ce qui s'est réellement passé[35] » et, surtout, elles contribuent à rappeler le lecteur du roman à la réalité, référence absolue du témoignage qu'il est en train de lire. Dans le fonctionnement interne de la fiction de Kourouma, les descriptions référentielles sont le pendant de son insistance « parafictionnelle » à répéter inlassablement que le contenu de ses romans est vrai.

Dans *En attendant le vote des bêtes sauvages*, les descriptions référentielles situent précisément le contexte des événements relatés. Au début de la première veillée, le sora du donsomana explique comment la conférence de Berlin octroya en 1884 le golfe du Bénin aux Français et aux Allemands (*E*, 11). À d'autres endroits, elles relèvent carrément du discours ethnographique : « Les Bamilékés sont des Bantous. Les Bantous constituent une des ethnies les plus importantes des hommes de la forêt de l'Afrique centrale » (*E*, 136). Elles font aussi allusion aux moments-clés de l'histoire comme au fameux « discours de la Baule » tenu par Mitterrand (*E*, 344). Ni le nom du discours ni celui de l'orateur ne sont altérés pour la fiction. Enfin, elles donnent parfois la signification d'acronymes, comme par exemple celui des programmes d'ajustement structurels (*E*, 344). Dans *Les soleils des indépendances*, elles donnent des informations sur les transformations auxquelles la tradition malinké est soumise :

> Comme toute cérémonie funéraire rapporte, on comprend que les griots malinkés, les vieux Malinkés, ceux qui ne vendent plus parce que ruinés par les Indépendances [...] « travaillent » tous dans les obsèques et les funérailles. De véritables professionnels ! (*S*, 11)

Alors que ces descriptions référentielles, parfois très brutales, fonctionnant dans la fiction comme des rappels à l'ordre du réel, parsèment à petites doses *En attendant le vote des bêtes sauvages*, le roman *Allah n'est pas obligé* regorge de longs aplats descriptifs, comme si l'auteur renonçait complètement à écrire de la fiction. On apprend ainsi dans le détail qui sont Foday Sankoh, ou Samuel Doe, ou ce que sont la CDEAO,

---

35. Roland Barthes, « L'effet de réel », dans *Littérature et réalité, op. cit.*, p. 87.

l'ECOMOG, l'ULIMO et quels sont les grands pans de l'histoire du Libéria ou encore de la Sierra Leone :

> À la mort, le 28 avril 1964, de Milton, succéda son frère Albert Margaï appelé Big Albert. Avec Big Albert, le tribalisme et la corruption ont augmenté, ont été portés à un degré tel qu'un coup d'État a éclaté le 26 mars 1967. Albert est remplacé par le colonel Juxton Smith, un non-Mendé.
> […] Le 19 avril 1968, le colonel Juxton est renversé par un complot de sous-officiers qui créèrent un mouvement révolutionnaire anticorruption (ACRM). (A, 165)

Avec le cumul de telles descriptions, il est très difficile parfois de ne pas se croire dans un article de journal, si ce n'étaient les exclamations du narrateur Birahima, telles «Gnamokodé (putain de ma mère)!», qui scandent le récit et qui rappellent non la réalité de la guerre mais la réalité du témoignage de l'enfant-soldat que le lecteur découvre dans le roman.

4. Kourouma : du témoin au géniteur de témoin

L'obsession du témoignage est telle chez Kourouma qu'elle travaille la forme et l'architecture de ses romans comme une lame de fond. L'écriture fictionnelle plie sous le poids du témoignage si bien que la «résistance» (Barthes) que lui oppose le roman demeure parfois bien limitée. Pour Waberi, *Les soleils des indépendances* est une «chose bizarre, à mi-chemin entre roman et pamphlet politique[36]». Kourouma qui sortait des geôles d'Houphouët-Boigny témoignait alors pour ses amis qui n'avaient pas eu sa chance. Quand il écrit, dix-huit ans plus tard, *En attendant le vote des bêtes sauvages*, il opte pour une forme de narration typiquement malinké, mais ici encore, la volonté de témoigner lui fait remanier l'architecture originelle du donsomana. Pour retracer la vie du dictateur Éyadéma et témoigner de l'Afrique de l'après-guerre froide, il n'hésite pas à «altérer» l'intentionnalité du donsomana et à transformer ce qui, dans la tradition malinké, est normalement fait pour accueillir des récits de chasse. Dans son roman *Allah n'est pas obligé*, il finit carrément par «enfanter» un personnage-témoin dont le récit-roman prend la forme quasiment brute d'un témoignage.

Allah n'est pas obligé est une sorte de mise en abîme du témoignage tellement le roman résulte d'intentionnalités multiples de témoigner,

---

36. Abdouraman A. Waberi, *loc. cit.*

réelles ou fictives : celle de l'auteur, celles d'enfants de Djibouti et enfin celle de Birahima, personnage principal du roman. Nous savons en effet par la dédicace que le livre fut commandé à Kourouma : «Aux enfants de Djibouti : c'est à votre demande que ce livre a été écrit» (*A*, 7). Anecdote confirmée par Waberi : «J'étais avec lui dans une bibliothèque de quartier quand une poignée de gosses venus écouter les écrivains, l'ont abordé pour lui demander d'écrire sur les guerres tribales[37].» Il semble important pour Kourouma de souligner la demande de témoignages sur différents plans : parafictionnel dans les interviews, paratextuel dans la dédicace, infratextuel dans la volonté déclarée du personnage de témoigner. À la fin du roman, on apprend que Birahima, narrateur principal, venait juste de décider de raconter son expérience d'enfant-soldat quand son cousin lui a demandé de conter son aventure : «Petit Birahima, dis-moi tout, dis-moi tout ce que tu as vu et fait ; dis-moi comment tout ça s'est passé» (*A*, 224). Le lecteur comprend ainsi que le résultat est le roman qu'il vient de lire. Aux dimensions déjà mises en évidence, comme la constante assertion de la réalité des faits d'une part, et l'autodésignation du sujet témoignant d'autre part, s'ajoute ici une troisième dimension du témoignage : le témoin raconte *devant un tiers* qui *accepte* de l'écouter et de *recueillir* son récit. Dès lors, le témoignage s'inscrit dans un échange instaurant une situation de dialogue et de fait, comme le souligne Paul Ricœur, aucun témoignage ne peut se faire sans auditoire[38]. Ici, le lien avec la réalité du témoignage, lui-même devenu matériau romanesque, est maintenu par la demande des enfants de Djibouti. Le *je* de Kourouma invente à la fois un *je* témoignant et un *il* écoutant, comme si l'auteur soulignait le fait qu'un témoin n'existe pas seulement «parce qu'il y était», mais aussi parce qu'il trouve un auditoire. En ce sens, Birahima est le premier personnage de Kourouma à échapper à la solitude des «témoins historiques» dont l'expérience extraordinaire (ici celle d'enfant-soldat) prend à défaut la capacité de compréhension ordinaire de ses contemporains[39]. Ce ne fut pas le cas de Fama, dans *Les soleils des indépendances*, qui affronte à sa sortie de prison une société en liesse, enivrée des paroles de son président tortionnaire. Pour Fama, à quoi bon parler si les voisins, les amis et même la famille dansent au cœur de la sauvagerie d'État ? La fiction rappelle ici bel et bien la dimension *dialogale* du

---

37. *Ibid.*
38. Voir *La mémoire, l'histoire et l'oubli, op. cit.*, p. 205.
39. Voir l'analyse de Paul Ricœur, *ibid.*, p. 208.

témoignage et suggère que le silence du témoin émane aussi de l'incapacité de sa société à nouer avec lui le lien nécessaire à la transmission
de son expérience[40]. Des témoins potentiels refusent de parler : à l'histoire d'entendre les propositions littéraires que lui font les romanciers
pour comprendre leur refus.

5. Les errements du je témoin

Nous avons déjà évoqué la difficile reconnaissance de l'individualité de
l'auteur africain qui, en tant que « voix d'un continent », est pris d'emblée dans un faisceau d'attaches qui le propulse « représentant de », lui
ôtant de façon insidieuse l'individualité sans laquelle le témoin ne peut
exister. Un témoignage est l'histoire d'*une* vie, celle d'un *je* unique,
même si ce dernier est forcément empêtré dans d'autres histoires[41].
L'autoréférentialité du récit perd son caractère individuel si bien qu'on
ne voit en Kourouma que le représentant d'une masse. À cet obstacle
sur le plan de la réception s'ajoute une difficulté inhérente à l'écriture
fictionnelle qui éloigne le texte du témoignage. Justin K. Bisanswa fait
remarquer, dans sa lecture de Kourouma, que le lecteur ne sait jamais
s'il se trouve dans le récit du narrateur ou dans celui du personnage[42].
Or, ce qu'il appelle « jeu de miroirs » ne peut être que fatal au témoignage[43]. L'objectif n'est pas de critiquer l'œuvre en lui appliquant une
critique qui ne la concerne pas. Il s'agit simplement de souligner ce
que l'instabilité du *je* met en évidence sur le plan de la possibilité de
témoigner, étant convenu qu'un témoin est censé être un *je* libre et le
moins encadré possible[44].

Dans *Allah n'est pas obligé*, la tension vient de la difficulté pour le
romancier de faire naître un *je* témoin tout en gérant les contraintes de

---

40. Paul Ricœur développe ce point sur la base de la pensée d'Hannah Arendt que
nous ne reprenons pas car elle dépasse le cadre de notre contribution (*ibid.*, p. 207-208).
De plus, faut-il préciser que la solitude du « témoin historique » et le refus de parler qui en
est une conséquence ne peuvent être considérés comme une spécificité africaine ? Il n'en
reste pas moins que chaque silence possède son contexte politique, institutionnel, social,
etc. qu'il conviendrait d'analyser.

41. Voir l'analyse de Paul Ricœur, *La mémoire, l'histoire, l'oubli, op. cit.*, p. 205.

42. Justin K. Bisanswa, « Jeux de miroirs : Kourouma l'interprète ? », *loc. cit.*, p. 24.

43. Sans partager totalement l'explication que Bisanswa applique à toute l'œuvre alors
que chaque roman paraît très différent sur le plan de la narration, nous reconnaissons
l'instabilité du *je* dans les romans de Kourouma.

44. À noter que les conditions du « recueil » constituent cependant un encadrement
influençant le témoignage.

la fiction qui raconte une histoire à plusieurs personnages, censée être prise en charge par ce même *je* oscillant entre sa vision partielle de la réalité vécue et celle du narrateur omniscient. De là, l'instabilité de ce *je*, à la fois dans son identité et dans sa capacité à tenir un récit à la première personne[45], et ce d'autant plus qu'il est censé être celui d'un enfant. Imagine-t-on une seconde un adolescent, qui reconnaît que «[s]on école n'est pas arrivée très loin» (*A*, 9 et 224) et un vécu sous l'emprise du haschich, analyser la société en commençant par isoler les couches socio-professionnelles?

> Les couches socio-professionnelles, les fonctionnaires, les enseignants, les médecins et les étudiants, par réaction, ont lancé une opération de déso-béissance civile provoquant le dysfonctionnement de l'administration sur fond de crise économique. (*A*, 204)

Dans son obsession de témoigner, il n'est pas surprenant que l'écrivain ait fini par produire un témoin de toutes pièces alors que des enfants lui demandaient d'écrire sur des guerres qu'il n'a lui-même pas vécues. Mais combien de remaniements, de manipulations, de «réécritures» seraient nécessaires pour que le témoignage d'un enfant-soldat puisse ressembler à un récit de la même cohérence, de la même rigueur chrono-nologique que celui de Birahima?

À ce propos, il est intéressant de comparer la structure des récits de Birahima, personnage de fiction, et de China Keitetsi, ancienne enfant-soldat en Ouganda, qui vit aujourd'hui au Danemark et qui a raconté son histoire «vraie» dans *La petite fille à la Kalachnikov – Ma vie d'enfant-soldat*[46]. La construction de leur récit est en effet presque identique. Ils racontent leur guerre avec une exhaustivité et une rigueur chronolo-gique telles qu'aucun être n'en serait capable sans s'y reprendre à mille fois, au prix bien sûr de la véridicité du récit. Birahima et China Keitetsi avancent dans leur histoire avec la précision d'un chronomètre comme si les ressources de l'anamnèse étaient quasiment infinies[47]. Chaque

---

45. Nous ne sommes pas à même d'évaluer l'influence de l'oralité africaine souvent mise en relief dans la narration de Kourouma (Sélom Komlan Gbanou, «L'incipit dans l'œuvre d'Ahmadou Kourouma», *Présence Francophone*, n° 59, 2002, p. 52-68), ce qui pour-rait constituer une faille dans notre argumentation.

46. China Keitetsi, *La petite fille à la Kalachnikov – Ma vie d'enfant-soldat*, Paris, Éditions Complexe/GRIP/UNICEF, 2004.

47. L'impression de linéarité chronologique est quelque peu atténuée dans *Allah n'est pas obligé* où Kourouma laisse soit «souffler» son personnage («Voilà ce que j'avais à dire aujourd'hui. J'en ai marre», *A*, 49); soit reprendre le fil d'un récit qui partait légèrement dans une autre direction («Au nom d'Allah le clément et le miséricordieux (Walahé)! Commençons par le commencement», *A*, 163).

étape possède son explication, sa mémoire, son image, sa «photographie» parfaite, comme si jamais ni la drogue, ni la violence, ni le viol, ni l'alcool, ni la douleur, ni la folie, ni le désespoir n'avaient, ne serait-ce qu'une seconde, nui à la capacité d'entendement ou de mémorisation, à l'acuité visuelle, à la perspicacité des deux enfants. Massacre, viol ou «premier amour», rien ne perturbe ne serait-ce que le rythme des narrations. Ni China ni Birahima ne perdent un cheveu du déroulement total des massacres auxquels ils ont participé. China, étrangère à l'empire de l'oubli, est même capable de reformuler ses «impressions» du moment: «Au pont de Katonga, je dus décider si je voulais être une personne brisée, mais encore capable de sentiments, ou une guerrière pur-sang. Un enfant est-il capable de prendre ce genre de décision?[48]»

Non seulement on voit mal un enfant prendre ce genre de décision mais on le voit mal formuler une telle alternative juste après avoir participé à un massacre sanglant. À la fin du livre, China écrit: «Je suis étrangère dans une culture étrangère [Danemark] que je cherche à intégrer et à comprendre[49]». Pourtant, son témoignage, tout comme celui de Birahima, est parsemé d'explications qui montrent que le je de la narration maîtrise la «difficulté» que pourrait avoir un lecteur non africain à comprendre la réalité décrite, et surtout qu'il maîtrise une vision de l'Afrique exogène, bien plus danoise qu'il n'y paraît:

> L'Afrique n'est pas le Danemark. Les enfants n'y sont pas considérés de la même manière. Lorsqu'un enfant de deux ou trois ans est fort et sain, il est apte à travailler. Cette réalité vaut pour la majorité des enfants des pays africains, du moins à la campagne[50].

Les catégories socio-professionnelles de Birahima font ici place à l'opposition ville/campagne. Alors que dans l'introduction, China a du mal à croire qu'elle a elle-même écrit son livre[51], le président d'Unicef-France qui l'a préfacé rappelle le caractère «brut» du «témoignage» de

---

48. China Keitetsi, *La petite fille à la Kalachnikov – Ma vie d'enfant-soldat, op. cit.,* p. 113.
49. *Ibid.,* p. 225.
50. *Ibid.,* p. 21. Nous n'avons pas vérifié les termes utilisés dans la version originale. Il est possible que la traduction du danois au français soit en partie responsable des aberrations de certaines notions utilisées (comme celle de «campagne»), mais que la version originale soit en danois en dit long sur la spontanéité et l'authenticité du témoignage au plan de la langue utilisée. N'est-il pas difficile d'imaginer une dizaine d'années de guerre en Ouganda suivie d'un livre en danois quelques mois plus tard?
51. Sélom Komlan Gbanou, «L'incipit dans l'œuvre d'Ahmadou Kourouma», *loc. cit.,* p. 13.

China qui en fait «un document rare et exceptionnel[52]». Or, si le témoin fiable ne peut être que celui qui est capable de maintenir dans le temps son témoignage, comment une jeune fille qui doute de son propre récit pourra-t-elle être un témoin reconnu de son histoire? China sait-elle encore elle-même quel aurait pu être le témoignage de *son* expérience dans des guerres où les enfants ont les yeux explosés par la drogue et où les soldats oublient qu'ils ont eux-mêmes coupé un jour les mains de leurs sœurs[53]?

Finalement, la fiction de Kourouma, même si elle ne libère pas totalement le témoin qu'elle crée de toutes pièces (mais n'est-ce pas là une façon de montrer qu'un témoin se «fabrique» et que le résultat, dans ce cas, est fort douteux?), problématise beaucoup plus l'authenticité du témoignage que ne le fait le récit de China, qui se vend pour du vrai brut. Les dictionnaires de Birahima qui l'aident à construire son récit ainsi que ses exclamations en langue malinké («Faforo!», «Walahé!») constituent autant d'astuces, certes un peu grotesques, surtout pour les dictionnaires, qui ne font pas tomber le témoignage dans l'élégance fallacieuse du passé simple de China, elles sous-entendent la nécessité d'une langue commune entre le témoin et celui qui l'écoute. De plus, les procédés narratifs utilisés dans *Allah n'est pas obligé* mettent en évidence l'emprise de l'événement sur les acteurs. Alors que la première personne du singulier traduit l'engagement dans l'action, le *je* disparaît parfois dans le cours des événements qui deviennent, par là même, une sorte de supersujet étouffant le libre arbitre des protagonistes, allant jusqu'à bloquer toute marge de manœuvre personnelle. Tout se passe comme si les personnages ne décidaient plus de leurs actes: «Marie-Béatrice se réveillait à quatre heures du matin, prenait le kalach qui était toujours à portée de main toutes les nuits. Ça, *c'est la guerre tribale qui veut ça*» (*A*, 141, nous soulignons). Birahima utilise même le «ça» pour parler de ses amis et ennemis, donnant l'impression que tous sont sous l'emprise des mêmes forces: «J'avais pour ami un enfant-soldat [...] appelé [...] Tête brûlée. [...] Parce qu'il est venu avec des armes, on l'a nommé commandant. Là-bas, chez ULIMO, ça [Tête brûlée] s'était fait passer pour un Krahn alors que c'était un Yacou pur sang» (*A*, 78-79, nous soulignons).

---

52. Jacques Hintzy, «Préface» à *La petite fille à la Kalachnikov – Ma vie d'enfant-soldat*, *op. cit.*, p. 6.

53. «J'avais oublié que c'était moi qui dans un soir d'ivresse et de folie avais coupé les mains de mes sœurs», dans Rémy Ourdan, «La guerre oubliée de la Sierra Leone. Le prix de la paix», *Le Monde*, 2 décembre 1999, p. 15.

Cette stratégie narrative montre des acteurs perdant, dans les événements qu'ils sont en train de vivre, l'emprise, non pas seulement sur leur histoire, ni sur l'énonciation de celle-ci, mais sur la possibilité même qu'ils ont d'en témoigner en exprimant le brut de leur expérience. Et de fait, si ni l'individu ni le *je* n'apparaît dans l'événement qu'il vit, comment pourra-t-il réapparaître dans le témoignage dont il est condition *sine qua non*? Les amis de Birahima et Birahima lui-même tiennent dans le récit la même place que le haschich. Tantôt le «ça» remplace Tête brûlée, tantôt il remplace le *je*, ou encore la drogue. Tous ces sujets réfèrent à une force qu'ils subissent, sorte d'impensé total: «C'est la guerre tribale qui veut ça».

Le *je*, on le voit, ne domine pas sa propre expérience. Il est dominé par un «ça» de la guerre que le personnage en prise sur l'événement n'arrive pas à différencier de son libre arbitre. Le recul du témoignage, apporté pendant la phase de re-mémorisation, et donc *a posteriori*, tel qu'il est construit dans la fiction de Kourouma contrairement au récit «vrai» de China Keitetsi, ne pousse pas le témoin à remplacer le ça de la guerre par une explication moins déterministe; ce qui, sur ce plan, rend le récit *fictif* de Birahima un peu plus crédible que le témoignage *brut* de China.

Pour finir sur la problématique du *je* africain enseveli sous d'autres écritures à qui on refuse le pouvoir de nommer dans un espace aussi libre que la fiction, il est très intéressant de constater que Birahima, dès les premières lignes du roman, reprend *son* titre: «Je décide le titre définitif et complet de mon blablabla est *Allah n'est pas obligé d'être juste dans toutes ses choses ici-bas*» (A, 9). Sélom K. Gbanou y voit un personnage «iconoclaste» qui «ne se laisse pas enfermer dans un récit préalablement conçu et structuré par le romancier[54]», rejetant le statut classique de personnage par son acte qui consiste à rectifier le titre qu'on lui impose. Cette rectification dans le roman-témoignage par la voix du personnage-témoin fonctionne comme la mise en exergue de l'instabilité du témoignage. Le lecteur sait que le texte peut être modifié et que le témoin, censé être libre, n'est pas maître de la destinée de son récit. D'emblée, il sait que le remaniement du récit est possible et, cette fois, ce n'est pas dans une interview parallèle à la publication mais dans le roman même que Kourouma «rectifie».

---

54. Sélom Komlan Gbanou, «L'incipit dans l'œuvre d'Ahmadou Kourouma», *loc. cit.*, p. 60.

Alors que China Keitetsi revendique la possibilité d'élever la voix et qu'elle proclame son droit à disposer librement de sa vie[55], nous serions presque tentée d'ajouter pour elle, et c'est là tout le danger, qu'il lui faudrait aussi réclamer le droit de disposer de son propre récit.

Kourouma ou l'échec du témoin africain ?

Sur la couverture de l'édition de poche du roman *Allah n'est pas obligé,* un enfant-soldat est dessiné : droit, le regard vif, bien joufflu, il appuie la tête sur une kalachnikov. Sans l'arme, seul le tee-shirt jaune, un peu déchiré suggérerait une existence mouvementée. Rien de tout cela n'est plus visible sur la couverture de l'édition de poche de *Quand on refuse on dit non.* La vision idyllique de l'Afrique a repris ses droits. Une photo montre un jeune garçon muni d'une lance à l'affût d'on ne sait quelle bête sauvage, à moins que le photographe ne l'ait payé comme pour une pose de touriste. Birahima a beau témoigner de sa vie d'enfant-soldat, expliquer comment il a vomi le haschich qui le faisait monter au front, comment lui et ses amis ont violé, torturé et tué nourrissons, y compris dans les villages qu'ils traversaient... Rien n'y fait : la photo exhibe un mignon garçonnet tel que le Libéria n'en fait plus. Dans *Quand on refuse on dit non,* Birahima s'apprête à nouveau à témoigner, sur la réalité ivoirienne cette fois, dans une ébauche de roman publiée après la mort du romancier. Mais à quoi bon témoigner finalement puisqu'on refuse d'écouter, de voir et de penser son vécu ?

Kourouma a témoigné de la cruauté d'un Houphouët-Boigny qui, avant de mourir, a créé la fondation portant son nom et dont la vocation consiste à rechercher la paix dans le monde, et que bon nombre de personnalités politiques, africanistes, diplomatiques se sont empressées d'appuyer[56]. Inutilité du témoignage de Birahima, de Kourouma, de l'Africain ? En tout cas, beaucoup s'en jouent, à commencer par les historiens. Entre les filouteries politiques et africanistes et les sociétés civiles capables de défier leurs dictateurs mais aussi de sortir les tam-tams pour danser devant les prisons, le témoin africain a encore un sérieux chemin à se frayer pour faire entendre sa voix. C'est cette trajectoire perturbée que révèle l'œuvre de Kourouma.

---

55. China Keitetsi, *La petite fille à la Kalachnikov — Ma vie d'enfant-soldat, op. cit.,* p. 255.
56. *Fraternité Matin*, édition du samedi 6 et du dimanche 7 décembre 1997, Abidjan, p. 2-8.

Exercice de lecture

Une pratique de réécriture revêche : la transposition d'un roman à la scène.

Le cas de *Mont-Revêche* dans la théâtralisation sandienne

DOMINIQUE LAPORTE

Si, par sa légitimation institutionnelle à partir de 1830, le roman en France se pose *a priori* comme la forme par excellence de tous les possibles en littérature, le théâtre, au contraire, accule la plupart des romanciers français du XIXᵉ siècle, de Stendhal à Zola en passant par les Goncourt[1] et Flaubert, à l'impossibilité d'en espérer un rendement, tant la difficulté de passer d'un genre à un autre, dans le cas des romans transposés à la scène en particulier, *grève* toute tentative en ce sens, sauf « exceptions. Aussi le roman français du XIXᵉ siècle est-il voué d'entrée de jeu à d'impossibles théâtres[2] » ou, à tout le moins, à des « théâtres virtuels[3] » pour des motifs dont les études dix-neuviémistes ont commencé de prendre la mesure sur deux plans d'analyse : d'une part, les postures génériques dans le champ littéraire, attendu que les relations entre le roman et le théâtre sont assujetties, dans l'institution, à une hiérarchie des genres (poésie / roman / théâtre) inversement proportionnelle à leur échelle de rentabilité sur le marché (théâtre / roman / poésie)[4] ; d'autre part, les transferts textuels dans leur économie propre,

---

1. Voir Dominique Laporte, « "On donna en ce temps au Gymnase *le Démon du foyer*" : l'inscription du boulevard dans *Charles Demailly* des Goncourt, ou la mise à l'épreuve de la lisibilité réaliste-naturaliste », dans Susan McCready et Pratima Prasad (dir.), *Novel Stages* (à paraître).

2. Bernadette Bost et Jean-François Louette (dir.), *Impossibles théâtres XIXᵉ-XXᵉ siècles*, Chambéry, Comp'Act, 2005.

3. Pierre Citti (dir.), « Théâtres virtuels », *Lieux littéraires*, nº 4, 2003.

4. Pierre Bourdieu, *Les règles de l'art. Genèse et structure du champ littéraire*, Paris, Seuil, coll. « Points », 1998 [1992], p. 193-197.

et ce, indépendamment du champ littéraire. Envisagée sous ces deux aspects, l'écriture de George Sand[5] se révèle symptomatique de tensions, sinon d'incompatibilités intergénériques, dès lors qu'elle travaille non seulement à s'inscrire institutionnellement dans le champ littéraire des possibles (les pièces jouables), mais aussi à substituer textuellement une génércité exclusivement théâtrale à des composantes fondamentalement romanesques, comme en témoigne à cet égard *Mont-Revêche*, exemple problématique de théâtralisation.

Sur ce cas, la *Correspondance* de George Sand apporte un éclairage factuel. Avant même que *Mont-Revêche* soit terminé[6], George Sand souhaite en tirer rapidement une pièce[7] (*Corr*, XI, 103), mais, malgré la perspective d'une représentation au théâtre de Nohant à l'été 1853 (*Corr*, XI, 645), ce projet de transposition est laissé en plan pendant onze ans. Annoncée le 24 octobre 1864 (*Corr*, XVIII, 583), une première adaptation, en prévision d'une création à l'Odéon, occupe George Sand, Alexandre Manceau et Maurice Sand d'octobre à décembre. La lecture des deux premiers actes au directeur de l'Odéon, La Rounat, le 30 décembre (*Corr*, XVIII, 621), révèle la difficulté de rendre la pièce aussi valable que le roman — ce que la critique reproche d'ailleurs à George Sand chaque fois qu'elle transpose un de ses romans à la scène[8], en dépit de ses dénégations dans sa préface à son adaptation de *Mauprat* (Odéon, 28 novembre 1853)[9]. Comme l'indique l'agenda tenu par Manceau, «La Rounat ne pense qu'au roman et perd la tête en écoutant» (*Corr*, XVIII, 621), ce qui amène George Sand à changer le

---

5. On notera que la génércité multiple de cette écriture reste encore peu problématisée dans les études sandiennes.

6. George Sand écrivit *Mont-Revêche* du 6 avril au 8 mai 1852, soit au lendemain du coup d'État de Louis-Napoléon Bonaparte, le 2 décembre 1851. Le roman parut dans *Le pays* du 12 au 29 octobre, et du 16 novembre au 9 décembre 1852 (George Sand, *Correspondance* [éd. Georges Lubin], t. XI, Paris, Bordas, coll. «Classiques Garnier», 1990, p. 5, 30, 107). Dorénavant désigné à l'aide de l'abréviation (*Corr*) suivie du numéro du tome et du numéro de la page.

7. L'une des premières biographies de George Sand (Wladimir Karénine, *George Sand. Sa vie et ses œuvres, 1848-1876*, t. IV, Paris, Plon, 1926) relève (p. 280) la ressemblance entre *Mont-Revêche* et *Le démon du foyer*, représenté au Théâtre du Gymnase le 1er septembre 1852, soit avant le début de la publication en feuilletons de *Mont-Revêche*, le 12 octobre ; mais cette pièce ne constitue pas la transposition de *Mont-Revêche* à la scène projetée par George Sand dans sa *Correspondance*.

8. Voir Pierre Laubriet, «George Sand au théâtre jugée par Théophile Gautier», dans Elio Mosele (dir.), *George Sand et son temps. Hommage à Annarosa Poli*, t. III, Genève, Slatkine, coll. «Dimensions du voyage», 1993, p. 1117-1150.

9. George Sand, *Théâtre complet*, troisième série, *Œuvres complètes*, t. XXXIII, Genève, Slatkine Reprints, 1980, p. 1-4.

titre de la pièce : *Morteval* au lieu de *Monrevêche* [*sic*] (*Corr*, XIX, 41), et les noms des personnages «pour qu'on ne demande pas que la pièce soit conforme au roman» (*Corr*, XIX, 21). Après la mort de Manceau, le 21 août 1865, qui interrompt le travail (*Corr*, XIX, 311), elle soumet seule une nouvelle version à La Rounat et sollicite l'avis de Dumas fils[10] (*Corr*, XIX, 616, 638-639), mais en vain (*Corr*, XIX, 616) : les modifications apportées à un des rôles ont eu raison de la pièce (*Corr*, XIX, 40).

Après ses tentatives infructueuses à l'Odéon, suivies de pourparlers sans lendemain avec Lemoine-Montigny (*Corr*, XIX, 708), directeur du Gymnase, George Sand trouve un meilleur accueil au Théâtre du Vaudeville[11], mais n'ayant pas jugé le public de ce théâtre à la hauteur du sérieux de sa pièce, elle put, pour cette raison, rompre son traité sans difficulté (*Corr*, XIX, 141-142 ; XX, 110). Elle ne renonce pas pour autant à une représentation de *Mont-Revêche* ailleurs, car, au cours de l'automne 1866, Duquesnel et Chilly, qui ont succédé à La Rounat à l'Odéon, approuvent, au terme de plusieurs séances de lecture, les trois premiers actes de la pièce, moyennant «des changements considérables» (*Corr*, XX, 218) apportés au deuxième. L'état de santé de George Sand à la fin de 1866 interrompt cependant la composition des deux derniers actes prévus (*Corr*, XX, 285).

Par la suite, George Sand décide de laisser à Dumas fils le soin de terminer seul la pièce en échange d'un partage des profits (*Corr*, XX, 312), mais cette offre reste lettre morte. Aussi s'adresse-t-elle le 29 octobre 1867 à Paul Meurice (*Corr*, XX, 587-588), qui lui a déjà servi d'adaptateur (*Les beaux messieurs de Bois-Doré*, Ambigu-Comique, 26 avril 1862 ; *Le drac*, Vaudeville, 28 septembre 1864) et qui fera de même pour *Cadio* (Porte-Saint-Martin, 3 octobre 1868). Dans la perspective d'une représentation à l'Odéon, elle collabore avec lui par intermittence jusqu'au 29 mars 1872, date à laquelle elle renonce définitivement à achever la pièce (*Corr*, XXII, 777), malgré l'insistance de son éditeur Michel Lévy devant la possibilité d'une représentation à la Comédie-Française (*Corr*, XXII, 479-480, 498). Finalement, Paul Meurice se charge de compléter seul la pièce après la mort de George Sand en 1876 et l'envoie sept ans plus tard au comité de lecture de la Comédie-Française (*Corr*, XI, 103). Elle ne sera jamais représentée.

---

10. Sur les rapports de George Sand avec Dumas fils, voir *Présence de George Sand*, n° 24, novembre 1985.

11. Dans une lettre remontant au début d'août 1858, l'acteur René Luguet avait conseillé à George Sand de «tailler un splendide drame intime, pour le Théâtre du Vaudeville, dans le *Mont-Revêche*» (*Corr*, XV, 22).

En l'absence des avant-textes et du dernier manuscrit posthume achevé par Paul Meurice, lequel est passé en vente publique, comme l'a noté Georges Lubin (*Corr*, XI, 103), mais n'a jamais été retrouvé, il est impossible de soumettre la théâtralisation de *Mont-Revêche* à une étude génétique complète. En revanche, la *Correspondance* rend compte des difficultés que souleva la transposition du roman à la scène. De tous les remaniements que connut ce projet de pièce, il ressort d'abord que l'importance quantitative des dialogues dans ce roman parmi les moins narrativisés de George Sand n'assura pas *a priori* la réussite de son adaptation, bien que Dumas fils eût conseillé à George Sand de rester fidèle au roman (*Corr*, XIX, 769 ; XX, 42). Replacées dans le champ littéraire des pièces jouables, les versions soumises par George Sand dans les théâtres parisiens subirent les aléas auxquels toute pièce destinée à une représentation est plus ou moins assujettie : opinion des directeurs ; disponibilité des acteurs prévus pour les rôles ; adéquation des acteurs disponibles avec les rôles ; déroulement des répétitions et conditions matérielles dans le théâtre choisi ; clauses contractuelles susceptibles de compromettre une représentation dans un théâtre autre que celui envisagé d'abord ; établissement et entretien de relations pro-fessionnelles profitables avec des collaborateurs ; lois du marché dictant un positionnement stratégique dans un champ déjà occupé par des dramaturges à succès, tels Augier et Sardou, et le choix d'une période de représentation qui ne coïncide pas avec la fortune prolongée (sous le rapport des entrées et des recettes) d'une autre pièce ; réception anticipée du public et de la critique, dont l'horizon d'attente décide du sort de la pièce, et ce, quelles qu'en soient sa valeur et sa finalité.

Si ces facteurs circonstanciels sont jaugés précautionneusement par George Sand dans sa *Correspondance*, leur généralité n'explique somme toute qu'en partie le cas spécifique de *Mont-Revêche*. En effet, le travail de transposition lui-même posa à toutes les personnes qui s'y attelèrent des problèmes intrinsèques qui, au delà des divergences d'opinions, font ressortir les différences de régime et de rendement entre l'écriture romanesque et l'écriture dramatique. Comme l'indique la *Correspondance*, la mise en scène de personnages issus du roman (les filles de Dutertre, dont Nathalie et Éveline, leur belle-mère, Olympe, et leurs prétendants respectifs, Flavien et Thierray, emportés comme elles par un chassé-croisé au cours duquel la fidélité conjugale d'Olympe est mise en cause) souleva en particulier la difficulté de passer d'une économie narrative ample, dans laquelle les temps relativement longs du récit et de l'histoire racontée entraînent une ventilation des « effets-personnage[12] » sur plusieurs chapitres et, partant, un dépliement en souplesse de leur lisibilité sémantique, à une économie dramaturgique et scénique restreinte, dans laquelle les temps condensés de l'action et des dialogues, répartis sur une succession relativement courte de scènes et d'actes, limitent la distribution des effets-personnage et des foyers de lisibilité sémantique. En témoignent la question de la durée dramaturgique attribuée au doute sur la fidélité d'Olympe, dans la version de la pièce soumise à l'Odéon en 1866 (*Corr*, XX, 164), et le principal obstacle à la réalisation de la pièce : l'effet-personnage de Flavien.

> Mais le personnage le plus difficile de la pièce, celui qui m'a fait jeter tant de versions au panier, c'est *Flavien* : à côté du crevé [Thierray], il ne peut pas être comique, et pour causer une sérieuse jalousie à la sérieuse Nathalie et à l'intelligent Dutertre, il ne faut pas qu'il soit comique. La fatuité l'est toujours. Le tenir dans une nuance intermédiaire[13], cela ne donne pas assez de relief pour la scène. Il faudrait là pour le drame, un homme passionné, redoutable ; le garçon entre deux amours sera-t-il jamais assez sérieux pour inquiéter ? (*Corr*, XXI, 253-254)

Comme l'indique cette lettre à Paul Meurice, datée du 9 décembre 1868, l'inconstance amoureuse de Flavien aurait compromis, à cause de son effet comique, l'effet dramatique recherché, alors que le roman peut, grâce à sa longueur, aménager une *préparation* pour retarder le déchiffrement d'un « code herméneutique[14] », en l'occurrence, l'infirmation des soupçons sur la fidélité conjugale d'Olympe (Olympe, amoureuse de Flavien ? Olympe, fidèle à Dutertre). En somme, les contraintes dramaturgiques et scéniques inhérentes à la transposition scénique de *Mont-Revêche* auraient exigé une réduction et une hiérarchisation des rôles dans la perspective d'un dosage mieux contrôlé des

12. Nous référant à la théorie de l'effet-personnage (Philippe Hamon, « Pour un statut sémiologique du personnage », dans Gérard Genette et Tzvetan Todorov [dir.], *Poétique du récit*, Paris, Seuil, coll. « Points », 1996 [1977], p. 119-181 ; Vincent Jouve, *L'effet-personnage dans le roman*, Paris, PUF, coll. « Écriture », 1992), nous entendons par « effet-personnage » l'effet de lisibilité sémantique auquel travaillent respectivement le texte dans sa production de sens et le lecteur dans son activité de décodage.

13. Voir la lettre à Lina Dudevant-Sand, datée du 8 décembre 1866 : « J'ai relu aujourd'hui les 2 premiers actes à mes directeurs [Duquesnel et Chilly] […]. Dutertre n'est plus *chiard*, Flavien est plus drôle et Thierray plus aimable. Et de tout ça, tu ne t'apercevras pourtant guère. Car il faut être du métier pour sentir les différences et se rendre compte de ce qui *porte* ou ne *porte pas*, grâce à de très petites modifications apparentes. C'est un travail de patience » (*Corr*, XX, 218-219).

14. Roland Barthes, *S/Z*, Paris, Seuil, 1970.

effets-personnage, comme il en ressort d'une lettre de George Sand à Paul Meurice, datée du 29 octobre 1867 : « Je me suis découragée de ce sujet où il y a trop de *rôles*. Chaque personnage est si important qu'il arrive au premier plan à toute situation » (*Corr*, XX, 588).

Si George Sand ne transposa pas *Mont-Revêche* à la scène, il reste que le roman lui-même exemplifie une écriture qui, en amont des projets d'adaptation, travaille à se théâtraliser d'entrée de jeu sous une forme qui, par endroits (au cours de la longue conversation d'Éveline et de Nathalie au chapitre IV, par exemple), se limite à des dialogues en style direct entièrement dépourvus d'incises narratoriales. Il s'agit à vrai dire d'un procédé économique courant dans les romans de l'époque, mais plutôt exceptionnel dans l'œuvre romanesque de George Sand, où, sauf le cas limite des romans dialogués[15], les dialogues ne se substituent jamais complètement au récit narratorial, même limité aux incises caractéristiques des discours rapportés en style direct. Dans *Mont-Revêche*, ce type de dialogue confère au texte une rapidité d'enchaînement qui, en l'absence d'interventions narratoriales, donne à la lecture l'effet d'une pièce, sans que ces dialogues théâtralisés aient contribué pour autant à l'aboutissement d'une transposition à la scène du vivant de George Sand. Sous cet angle, ils constituent l'un des problèmes consubstantiels au roman, avant même que ne se pose la difficulté de l'adapter pour la scène.

En effet, le rôle de l'instance narrative et de ses relais polyphoniques (les voix des personnages) dans la production de sens à laquelle travaille *Mont-Revêche* ne laisse pas d'instruire au départ le procès de la théâtralisation même, dès lors que le récit narratorial et les dialogues subsidiaires commencent par la sursignifier, pour ensuite l'invalider sous trois formes : le mimétisme, la mystification et le mensonge auxquels se livrent les divers personnages. De là viendrait la précarité de tous les essais de transposition scénique ultérieurs, selon notre hypothèse.

Mis en abyme dans l'histoire par un perroquet contrefaisant les dernières paroles de sa maîtresse défunte : « — Mes bons amis [...], mes bons amis, je vais mourir![16] », le mimétisme se traduit par des jeux de

---

15. Voir Jeanne Goldin, « La naissance difficile d'un *Diable aux champs* », dans Tivadar Gorilovics et Anna Szabo (dir.), *Le chantier de George Sand. George Sand et l'étranger*, Debrecen, Kossuth Lajos Tudomanyegyetem, 1993, p. 55-68.

16. George Sand, *Mont-Revêche*, Paris, Cadot, 1853, p. 79. Dorénavant désigné à l'aide du sigle (*MR*) suivi du numéro de la page. À noter que la seule édition moderne disponible (George Sand, *Mont-Revêche*, préface de Jean Chalon, Monaco, Éd. du Rocher, 1989) présente un texte tronqué, et ce, sans indication ni justification des coupures. Avant que

rôle théâtralisés qui confortent certains personnages dans leur égoïsme et, *ipso facto*, empêchent qu'un *dialogisme* (au sens heuristique que lui donne Bakhtine[17]) s'instaure, comme le laisse entendre le discours réprobateur du narrateur sur leur théâtralisation. Dans les rapports entre Éveline et son groom Crésus en particulier, le mimétisme de chacun trahit sa prétention à une position privilégiée dans l'échelle sociale. Chez Éveline, qui, selon sa sœur Nathalie, «[singe] assez Diana Vernon» (*MR*, 51), l'héroïne de Walter Scott (*Rob Roy*), l'identification à un modèle a pour contrepartie le préjugé de caste selon lequel l'opinion d'un valet ne compte pour rien dans la hiérarchie sociale : «Elle s'exposait sans honte à des leçons de la part d'un domestique. Pour elle, qui se croyait née, sinon reine, comme Nathalie, du moins héroïne et princesse, la hardiesse d'un homme de cette classe l'amusait sans l'offenser» (*MR*, 295). Le psittacisme auquel le soumet sa maîtresse conduit Crésus à une infatuation de lui-même dont la stupidité inhérente annonce, par-delà son équivalence avec le «— Mes bons amis [...], mes bons amis, je vais mourir!» (*MR*, 79) du perroquet, les automatismes symbolisés par le Loulou d'*Un cœur simple* : «Crésus était, comme tous les grooms qui ont affaire à de bonnes gens, un enfant fort gâté. Éveline l'avait peut-être un peu trop rabaissé au rôle de bouffon. Il en tirait une vanité, une audace singulières, et prenait pour autant de traits d'esprit les balourdises qu'elle lui faisait répéter» (*MR*, 101).

La mystification, quant à elle, s'exerce sous forme de duperies amoureuses tour à tour théâtralisées et ironisées dans le récit. Après avoir «ébauch[é] mentalement une scène de comédie» (*MR*, 17), Thierray, dont la vocation d'écrivain s'accompagne d'une «conscience de rêveur» (*MR*, 35), «n'[a] [...] dans la mémoire de [s]on amour aucune défense contre une pauvre méprise de comédie» (*MR*, 34) en prenant d'abord la très jeune Olympe, dont il s'est épris secrètement, pour la mère biologique de Nathalie, d'Éveline et de Caroline Dutertre — d'où un effet ironique et comique qui renverse la théâtralisation fantasmatique de

---

l'édition critique des *Œuvres complètes* dirigée par Béatrice Didier et publiée chez Honoré Champion ne comble cette lacune, seules les éditions anciennes, dont la première, citée dans le présent article et accessible en ligne à l'adresse suivante : <http://www.bibliopolis.fr>, sont fiables.

17. Mikhaïl Bakhtine, *La poétique de Dostoïevski* (trad. d'Isabelle Kolitcheff), Paris, Seuil, coll. «Points», 1998 [1970]. Sur le dialogisme sandien, voir Michèle Hecquet, «Bakhtine, Dostoïevski, Sand», *Revue des sciences humaines*, n° 215, juillet-septembre 1989, p. 129-142; et Dominique Laporte, «Une réécriture de *Constance Verrier* : *Malgrétout*» (à paraître).

l'être aimé. Il se laisse aussi abuser par le «rôle de [dame au loup]» (*MR*, 231) que joue Éveline pour l'apeurer sous un déguisement qui lui donne l'apparence de la châtelaine légendaire hantant prétendument le manoir où il habite. Cette imitation est elle-même caricaturée lorsque la rengaine du perroquet effraie Éveline, prise ironiquement alors à son propre jeu. Cette mystification amoureuse concourt à entretenir non seulement le malentendu amoureux entre Éveline et Thierray au cours de l'histoire, mais aussi un conformisme bourgeois qui détourne l'expression de l'amour, et particulièrement du désir sexuel. En témoigne une citation ironique de Shakespeare (entre autres exemples de mentions [*MR*, 198, 259]) dans les prévisions que fait Éveline avant de se rendre une seconde fois chez Thierray en cachette au risque de compromettre sa réputation de jeune fille : «— Oui, oui, je sais bien que cela me fera grand mal et que je pleurerai pour tout de bon ; mais il m'en demandera pardon à genoux, et, quand le jour paraîtra, il me dira encore comme Roméo : "Non, ce n'est pas le chant de l'alouette !" » (*MR*, 296) De la part d'Éveline, qui n'a pas comme Juliette l'expérience de la nuit de noces, cette résolution accuse par contraste le tabou sexuel auquel touchent, dans l'histoire, ses escapades nocturnes, tabou que montre en creux le style gazé employé pour connoter la défloration à venir («— Oui, oui, je sais bien que cela me fera grand mal»).

Enfin, le mensonge auquel recourent les personnages dans les rôles sociaux qu'ils jouent trahit aussi un conformisme bourgeois sur lequel ironise le roman, non sans incidence sur son intertextualité avec un roman sandien antérieur, *Consuelo. La comtesse de Rudolstadt*, et sa référentialité bourgeoise. Sous cet angle, le silence et les mensonges pieux d'Olympe se révèlent on ne peut plus problématiques. En effet, si *La comtesse de Rudolstadt* et *Mont-Revêche* présentent des héroïnes qui renoncent toutes deux à l'art lyrique pour un mariage d'amour, seul le cycle de *Consuelo* exprime l'une des téléologies fondatrices de l'*ethos* romantique[18] : la médiation de l'Art au sein d'une société embourgeoisée, par-delà les préjugés sociaux et moraux à l'endroit de l'artiste et du théâtre. À l'inverse, *Mont-Revêche*, où se lit Olympe descendue d'Olympie (avant qu'*Olympia* symbolise le scandale de l'Art aux yeux de la bourgeoisie), problématise le désenchantement face à l'anéantissement des espoirs progressistes fondés sur la Révolution de 1848 et la

---

18. Voir Philippe Régnier, «Les Saint-Simoniens, le Prêtre et l'Artiste», *Romantisme*, n° 67, 1990, p. 31-45.

IIe République[19]. Aussi, *Mont-Revêche* se rapproche-t-il plutôt de *La filleule*, autre écrit de la période charnière pendant laquelle se systématise la mentalité bourgeoise qui marquera le Second Empire[20]. Eu égard à l'obligation contractuelle pour George Sand de ne rien écrire sur la politique et les questions sociales, ou encore sur la religion, ces deux romans mettent à distance la bourgeoisie par des déplacements qui donnent ironiquement à lire le remplacement de la moralité bien pensante par l'*ethos* romantique, de l'honorabilité par l'honneur républicain, de la respectabilité par le respect des valeurs fondatrices des révolutions en France (celles de 1789, de 1830 et de 1848), du théâtral par le théâtre (sous l'angle de son exemplarité en regard de la vie dans la cité), du dialogue de sourds par le dialogisme. Au lieu d'être amendée en vertu de ce qui, avant l'échec républicain de 1848, sous-tendait le dialogisme de *Consuelo*. *La comtesse de Rudolstadt* — Albert y appelle Consuelo à s'éloigner des théâtres mondains pour la révéler à elle-même (chantre du peuple opprimé et fiancée éveillée à l'échange amoureux) —, cette dégradation des valeurs individuelles et communautaires s'exprime dans *Mont-Revêche* sous deux aspects : un discours doxologique et, partant, figé, selon lequel la pratique religieuse se trouve *a priori* incompatible avec une vocation théâtrale[21], pour épingler l'une des idées reçues que charrie le texte ; et les reparties cyniques de certains personnages qui, sans rester dupes de leur mascarade, mettent à distance le conformisme sans lequel la vie bourgeoise en société et en famille s'effrite : d'où l'ironie du roman, lequel ne théâtralise les dialogues stéréotypés des personnages que pour en rendre la fausseté emblématique (*emblematicus* : «plaqué»). C'est ce dont témoignent, par exemple, la mise à distance ironique qu'inspire à Flavien, l'ami de Thierray, le discours social sur la femme et, en particulier, l'alibi échafaudé par Olympe pour passer sous silence la deuxième escapade d'Éveline chez Thierray :

> — En fait de ruses, [...] la plus austère n'est pas plus maladroite qu'une autre dans l'occasion ; si elle n'en use pas pour elle-même, elle n'en a pas moins un arsenal en réserve au profit des autres. Ah ! l'esprit de corps !

19. Voir Françoise Genevray, «*Mont-Revêche*, roman morose », *Les amis de George Sand*, nouvelle série, n° 15, 1994, p. 9-15.

20. Voir «Présentation», dans George Sand, *La filleule*, dir. Marie-Paule Rambeau, Meylan, Éd. de l'Aurore, 1989, p. 5-31.

21. «Elle priait, car Olympe, italienne et catholique, n'avait jamais manqué aux pratiques de sa religion d'enfance, même dans le temps où elle se destinait au théâtre» (*MR*, 351).

Mais, à qui la faute? Nous voulons dans le monde qu'elles aient plus de soin de leur réputation que de leur vertu. Amants, nous les voulons pures du blâme d'autrui; époux, nous leur pardonnons l'infidélité réelle plus volontiers que le scandale de l'apparence. Aussi la réputation d'une femme est-elle quelque chose de si terrible à garder, que la plus vertueuse d'entre toutes ne se fera pas de scrupule de préserver celle d'une amie au prix de mille mensonges et de la comédie la mieux jouée. (*MR*, 334)

La tendance à se duper participe de la supercherie familiale qu'entretient le clan Dutertre, une famille recomposée avant l'heure, dont le père, trop débonnaire pour éviter les tensions entre ses enfants d'un premier mariage et sa seconde épouse, se laisse manipuler par Éveline et Nathalie en dépit du moralisme patriarcal qu'il leur prône. Ce fossé entre *doxa* familiale minée et *logos* paternel décalé ne se creuse nulle part plus irrémédiablement qu'au moment où Nathalie, résolue à perdre Olympe dans la considération de son mari[22] au moyen d'une lettre faussement compromettante, affecte le respect filial en la remettant à son père qui, lui, cache son trouble :

— Vous me l'arracherez donc de force, si je vous la refuse? dit Nathalie, qui voulait faire violer son dernier reste de conscience.
— Non, dit Dutertre. […] Je fais appel à votre devoir le plus sacré, qui est de n'avoir pas de secrets pour votre père.
— Je ne peux pas résister, dit Nathalie; mais je vous prends à témoin de l'effroi et de la douleur avec lesquels je vous obéis.
Elle lui mit en tremblant la lettre dans la main et voulut sortir. Dutertre, qui était encore maître de son émotion, l'arrêta.
— Restez, dit-il […].
Nathalie s'assit à une certaine distance, la tête tournée de manière à ne pas paraître observer l'attitude de son père, mais de manière cependant à n'en rien perdre dans la glace où se reflétait son image. (*MR*, 265)

En ce ratage dialogique que commet la voix *nourricière* du père réside en définitive la résistance du roman à être transposé à la scène. Il a comme corollaire le court-circuitage des dialogues du père avec ses enfants, dès lors confortés dans leur égoïsme infantile. Bref, un «mensonge romantique[23]» d'autant plus problématique que la théâtralisation

---

22. Comme l'ont signalé Georges Lubin (*Corr*, XI, 30-31, 36, 40, 103) et Ève Sourian («*Mont-Revêche*: la marâtre de George Sand», *George Sand Studies*, vol. XIII, 1994, p. 29-36), *Mont-Revêche* peut se lire comme la contre-épreuve d'une pièce de Balzac, *La marâtre* (1848): le personnage de la belle-mère (Gertrude) y fait figure de monstre. Cela dit, deux romans ultérieurs de George Sand, *La confession d'une jeune fille* et *La tour de Percemont*, présentent des marâtres cherchant à spolier l'héritage de leur belle-fille.
23. René Girard, *Mensonge romantique et vérité romanesque*, Paris, Grasset, 1961.

sandienne se cristallise plutôt autour du *tableau*, lequel, en raison de son exemplarité silencieuse codifiée par le drame bourgeois, demeure, chez George Sand, l'un des dispositifs sémiotiques privilégiés parmi les modes de reconduction de l'*ethos* familial, comme en témoigne l'homologie du portrait de famille à la fin de *La comtesse de Rudolstadt* et du tableau final de *Maître Favilla* (Odéon, 15 septembre 1855). Faute de théâtraliser un sujet propice à un drame bourgeois typique (la reconnaissance de l'autorité paternelle au terme d'un conflit), *Mont-Revêche*, et pour la même raison *La filleule* et *Césarine Dietrich*, autres romans de l'impuissance paternelle et de l'éclatement familial, ne pouvaient donc idéalement *faire tableau* sur la scène. Autant la mère adoptive devient le substitut central du père manquant à la fin du deuxième acte de *François le champi* (Odéon, 23 novembre 1848), autant Olympe, objet de calomnie et réduite au silence dans *Mont-Revêche*, ne peut assumer de rôle emblématique.

Grâce au dispositif ironique qu'il aménage et met en abyme (le perroquet pré-flaubertien au cœur de l'histoire), *Mont-Revêche* propose en somme un «spectacle de l'esprit[24]» qui, replacé dans le champ littéraire du début du Second Empire, instruit le procès du réalisme en démontant ses modes de représentation, et ce, parallèlement aux succès d'Augier et de Dumas fils, dans lesquels la bourgeoisie pouvait mieux se reconnaître et se conforter, malgré leur attrait de scandale, que dans l'ironique et désenchanté *Mont-Revêche*. D'où en partie la difficulté pour George Sand de convaincre les directeurs de théâtres bourgeois de transposer ce roman à la scène. Mais l'épuisement à venir de cette expérience revêche de l'intergénéricité n'est-il pas déjà annoncé, tel le chiffre décevant d'une énigme, par le perroquet emblématique du roman répétant à l'envi : «— Mes bons amis […], mes bons amis, je vais mourir!» (*MR*, 79), attendu que les paroles solipsistes d'Éveline et de Nathalie, d'un côté, et le discours labile de Dutertre, de l'autre, restent lettre morte, faute de livrer une «vérité romanesque[25]» dialogisée? En définitive, *Mont-Revêche* montre moins les virtualités d'une adaptation pour la scène que l'épuisement de ses postures métalangagières[26].

24. Jacqueline Viswanathan-Delord, *Spectacles de l'esprit. Du roman dramatique au roman-théâtre*, Sainte-Foy, Presses de l'Université Laval, 2000.

25. René Girard, *op. cit.*

26. La recherche qui a mené à la rédaction de cet article fait partie d'un projet subventionné par le Conseil de recherches en sciences humaines du Canada. Nous remercions cet organisme de son appui.

Collaborateurs

Ce numéro a été préparé par Josias Semujanga et Alexie Tcheuyap.

VERONIQUE BONNET

Vérontique Bonnet est maître de conférences à l'Université Paris XIII, membre du Centre d'Études sur les nouveaux espaces littéraires et collabore au CERMAM de Genève (Centre d'Études sur le monde arabe et méditerranéen). Elle a dirigé l'ouvrage collectif *Conflits de mémoire* publié aux éditions Karthala, le numéro 161 de la revue *Notre librairie* intitulé « Histoires, vues littéraires » (mars-mai 2006). Elle a écrit plusieurs articles portant sur les littératures caribéennes et africaines. Elle consacre également ses recherches à l'étude des témoignages, récits de vie et écritures de soi dans les littératures francophones du Sud.

ARMELLE CRESSENT

Armelle Cressent a étudié l'histoire à la *Freie Universität* de Berlin et à l'Université de Hambourg, ainsi que l'anthropologie sociale à l'EHESS à Paris. Elle est actuellement doctorante au Département d'histoire de l'Université de Cologne et rédige une thèse sur l'historiographie du nazisme et du colonialisme en France et en Allemagne après 1945.

XAVIER GARNIER

Xavier Garnier est un ancien élève de l'École Normale Supérieure de Saint-Cloud et il est agrégé de lettres modernes. Professeur à l'Université Paris XIII, il enseigne la littérature africaine dans une perspective comparatiste. Il a publié : *La magie dans le roman africain* (PUF, 1999) ; *L'éclat de la figure. Étude sur l'antipersonnage de roman* (Peter Lang, 2001) ; *Le récit superficiel. L'art de la surface dans la narration littéraire moderne*, (Peter Lang, 2004) ; *Le roman swahili. La notion de littérature mineure à l'épreuve* (Karthala, 2006). Il a également coordonné, en collaboration avec Charles Bonn, deux ouvrages consacrés aux littératures francophones (*Littérature francophone*, t. I et II, Paris, Hatier, 1997 et 1999).

SÉLOM K. GBANOU

Dramaturge et chercheur, Sélom K. Gbanou est titulaire d'un doctorat en philologie romane de l'Université de Brême. Il enseigne actuellement à l'Université de Bayreuth. Ses recherches portent sur les formes et mutations des littératures francophones. En plus d'une trentaine d'articles, il a dirigé *Écritures et mythes. L'Afrique en question* (Bayreuth African Studies, 2006) et publié, en 2002, *Un théâtre au confluent des genres* (IKO-Verlag fur Interkulturelle Kommunikation). Il est aussi directeur de la revue de critique littéraire *Palabres*.

DOMINIQUE LAPORTE

Dominique Laporte occupe un poste de professeur agrégé au Département de français, d'espagnol et d'italien de l'Université du Manitoba. Il a codirigé le dossier « George Sand » d'*Études littéraires* (2003) et prépare actuellement une édition critique de *Malgrétout*. Un ouvrage collectif sous sa direction, *L'autre en mémoire*, a paru aux Presses de l'Université Laval en 2006.

CHRISTIANE NDIAYE

Professeure titulaire à l'Université de Montréal, Christiane Ndiaye y enseigne les littératures francophones de la Caraïbe, de l'Afrique subsaharienne et du Maghreb. Elle a publié un recueil d'essais sur les littératures francophones, *Danses de la parole*, ainsi que cinq volumes collectifs : *La représentation ambiguë : configurations du récit africain*, en collaboration avec Lise Gauvin et Josias Semujanga ; *De paroles en figures*, en collaboration avec Josias Semujanga ; *Émile Ollivier : écrire l'infini des possibles. Introduction aux littératures francophones*, en collaboration avec Nadia Ghalem, Joubert Satyre et Josias Semujanga ; *Questions de réception des littératures francophones*, et de multiples articles. Elle a mené un projet de recherche sur les « Parcours figuratifs du roman africain » (travaux à paraître) et est actuellement chercheur principal du projet « Mythes et stéréotypes dans la réception des littératures francophones ».

JOSIAS SEMUJANGA

Professeur agrégé, Josias Semujanga enseigne la littérature africaine et la théorie littéraire au Département des littératures de langue française de l'Université de Montréal. En plus de nombreux articles, il a publié *Origins of the Rwandan Genocide* (2003) ; *Dynamique des genres dans le roman africain. Éléments de poétique transculturelle* (1999) ; *Les récits fondateurs du drame rwandais. Discours social, idéologies et stéréotypes* (1998) et *Configuration de l'énonciation interculturelle. Éléments d'analyse comparée du roman francophone* (1996). Il a également publié plusieurs livres et numéros de revues en collaboration : « La rumeur » (*Protée*, 2004) ; « Les formes transculturelles du roman francophone » (*Tangence*, 2004) ; *Introduction aux littératures francophones* (2004) ; « La réception critique des œuvres francophones » (*Présence francophone*, 2003) ; *Rwanda. Vers une identité citoyenne* (2003) ; « La littérature africaine et ses discours critiques » (*Études françaises*, 2001) ; « La réception » (*Protée*, 1999) ; « Sony Labou Tansi » (*Présence francophone*, 1998) ; *De paroles en figures. Essai sur les littératures africaines et antillaises* (1996) ; « La représentation ambiguë : configuration du roman africain » (*Études françaises*, 1995) et « Les littératures francophones d'Afrique et des Antilles » (*Tangence*, 1995).

ALEXIE TCHEUYAP

Diplômé de l'École Normale Supérieure, docteur des universités de Yaoundé au Cameroun et de Queen's au Canada, Alexie Tcheuyap est professeur agrégé au Département d'études françaises de l'Université de Toronto où il enseigne les littératures et cinémas d'Afrique francophone et des Antilles. En plus d'une trentaine d'articles, il a publié *Esthétique et folie dans l'œuvre romanesque de Pius Ngandu Nkashama* (L'Harmattan, 1998), *Le conflit idéologique dans* Le croissant des larmes *de J. Tshisungu Wa Tshisungu* (Glopro, 2004), *Cinema and Social Discourse in Cameroon* (Bayreuth African Studies, 2005) et *De l'écrit à l'écran. Les réécritures filmiques du roman africain francophone* (Presses de l'Université d'Ottawa, 2005). Il a également dirigé les numéros spéciaux suivants : « Du texte au(x) texte(s). Dynamiques littéraires et filmiques au Maghreb » (*Présence francophone*, n° 65, 2005) ; « Afrique en guerre » (*Études littéraires*, vol. 35, n° 1, 2004) ; « Brain Drain and National (De)Construction in Africa / Fuite des cerveaux et (Dé)Construction nationale en Afrique » (*Mots pluriels*, n° 20, 2002) ; « Littérature et Cinéma en Afrique francophone » (*Présence Francophone*, n° 57, 2001, en collaboration avec Sada Niang).

Résumés

Josias Semujanga
DES RUSES DU ROMAN AU SENS DE L'HISTOIRE DANS L'ŒUVRE
DE KOUROUMA

L'article analyse les méandres de l'histoire et de la fiction dans les romans de Kourouma. Il vise à montrer la corrélation entre leurs aspects narratifs et thématiques. D'une part, l'unité de cette œuvre iconoclaste se construit à partir des événements de l'histoire contemporaine de l'Afrique depuis l'époque coloniale jusqu'à maintenant. Et, d'autre part, contrairement aux discours dogmatiques — discours colonial, négritude, indépendance — ou à ceux de l'historien dont l'objet est la vérité, la fiction romanesque s'énonce sur la base d'une parodisation généralisée des idées établies sur l'histoire et la culture africaines.

This article analyzes the intricate relations of History and Fiction through Kourouma's novels. It intends to demonstrate the high link between narrative and thematic levels in the novels. On one hand, we show how the unity of Kourouma's work, which is iconoclastic one, is constructed from some contemporary events of african History. On the other hand, contrary to the dogmatic discourses, like colonial discourse, the négritude ideology or the african nationalism, and the historian discourse as the one way of knowlege, the Kourouma's fiction is based on the parody as voice which is process of dismantling those foundational narratives of african doxa.

Alexie Tcheuyap
MÉMOIRE ET VIOLENCE CHEZ AHMADOU KOUROUMA

À partir d'une critique et d'une redéfinition du concept de «trace», de «marque» et de «lieu de mémoire», cet article interroge d'autres inscriptions de la mémoire de la violence dans quelques récits de Kourouma. Dans une perspective spatiale, il explore essentiellement des lieux non conventionnels, «insolites» de la mémoire culturelle et politique des peuples figurés dans quelques textes du romancier ivoirien, lieux parfois constitués par d'anonymes sujets sociaux pourtant porteurs des marques d'une tragique histoire collective. Il ressort de ces analyses une élaboration de la mémoire corporelle et de la mémoire spatiale dont la constitution naît aussi des déplacements que le sujet est forcé d'effectuer. Ceux-ci permettent de tracer, de marquer lieux et espaces dans des récits dont certains des acteurs ont la même trajectoire et portent la même identité que des acteurs impliqués dans des drames africains contemporains. En ce sens, même s'il figure d'autres formes de mémoire, le texte fictionnel lui-même se constitue en savoir ayant la prétention de faire concurrence à la réalité représentée.

Based on a critical redefinition of the concepts of "trace," "mark" and "memory site," this article analyses some novels by Ahmaodu Kourouma and looks at other unconventional and untraditional venues where memory is archived. Anonymous social subjects that bear the painful marks of a tragic social history generally host these venues. That results into the elaboration of a body and spatial memory that are generally constituted by the movements that characters are forced to undertake. These movements help leave traces and marks in narratives where some protagonists are reminiscent of war figures that were actually involved in some recent African dramas. In this sense, even though it exposes other sites of memory, the novels analyzed in this essay are significantly reminiscent of reality and constitute a source of historical knowledge.

Sélom Komlan Gbanou
EN ATTENDANT LE VOTE DES BÊTES SAUVAGES OU LE ROMAN D'UN « DISEUR DE VÉRITÉ »

« Je ne suis pas engagé. J'écris des choses qui sont vraies. Je n'écris pas pour soutenir une théorie idéologique politique, une révolution, etc. J'écris des vérités, comme je les ressens, sans prendre parti. J'écris les choses comme elles sont. Comme le diseur de vérité... Je ne suis pas sûr d'être engagé » (Ahmadou Kourouma, « Entretien avec Ahmadou Kourouma », propos recueillis par Thibault Le Renard et Comi M. Toulabor, *Politique africaine*, n° 75, octobre 1999, p. 78). Tels sont les termes par lesquels Kourouma justifie, à la parution de *En attendant le vote des bêtes sauvages*, sa démarche créatrice qui est de mettre la fiction au service de la vérité historique, d'en faire une voie d'accès à la mémoire du présent, de chercher dans le merveilleux romanesque la réalité du monde et des êtres. La présente étude interroge les modalités par lesquelles la fiction de Kourouma dans ce roman réécrit l'histoire et la mémoire du présent.

"I am not politically committed. What I write is true. I do not write to support an ideological political theory, a revolution, etc. I write the truth, as I feel it, without taking sides. I write things as they are. As the teller of truth, I am not sure of being committed." When En Attendant le vote des bêtes sauvages was published, these were the words Kourouma used to justify his creative approach of putting fiction into the service of historical truth, of making it a path of access to the memory of the present, a search for the reality of the world and its beings within the fictional. The present study examines the methods Kourouma employs to rewrite history and the memory of the present in this novel.

Christiane Ndiaye
LA MÉMOIRE DISCURSIVE DANS ALLAH N'EST PAS OBLIGÉ OU LA POÉTIQUE DE L'EXPLICATION DU « BLABLABLA » DE BIRAHIMA

Cette étude vise à dégager certaines des traces des discours antérieurs (cotextuels) qui sont la matière même du roman *Allah n'est pas obligé*, à la fois sur le plan de l'écriture et sur celui d'une mémoire douloureuse. Il s'agit de montrer que la « poétique de l'explication » qui caractérise le roman constitue une stratégie de dévoilement des rhétoriques fallacieuses destinées à occulter l'inadmissible. En effet, le recours constant aux dictionnaires n'est que l'effet le plus visible d'une poétique englobante qui consiste à confronter les uns aux autres les discours sur le monde, discours en deçà des mots inscrits dans le texte comme une mémoire en palimpseste, afin de faire ressortir leur incapacité à expliquer des réalités aussi inhumaines que le sort que subissent les enfants-soldats. Le roman de Kourouma met ainsi en évidence deux attitudes possibles face aux atrocités indicibles des guerres oubliées des temps présents : soit on en nie le caractère insensé en multipliant les discours d'explication, soit l'on dénonce toute tentative de manipulation des discours visant à rendre sensé l'insensé. La première posture est illustrée par le «blablabla» du narrateur Birahima ; la deuxième est celle du roman lui-même.

This article examines the traces of anterior (co-textuel) discourses which prove to be the very material of the novel Allah n'est pas obligé, *in terms of its composition as well as the putting into words of painfull memory. The objective is to show that the "poetics of explanation" which charactarizes the novel constitutes a strategy unmasking fallacious rhetoric used to disguise the inadmissible. The constant reference to the dictionnaries is, in fact, only the most visible effect of a more comprehensive poetics which consists in confronting against each other social discourses, "preceding" discourses inscribed in the text in the manner of memory in palimpsest, in ordre to reveal their incapacity to explain realities as inhuman as the fate of child soldiers. Kourouma thus exposes two possible attitudes in the face of the unspeakable atrocities of the forgotten wars of our times: either one attempts to deny their senselessness by multiplying explanatory discourses, or one condemns any endeavor to manipulate discourse in ordre to make that which is devoid of sense appear meaningful. The first position is illustrated by the narrator Birahima's blabalbla; the second is that of the novel itself.*

Xavier Garnier
LE RIRE COSMIQUE DE KOUROUMA

L'ambition de cet article est de montrer que l'humour est à la fois chez Kourouma une technique d'écriture et une modalité de perception de la réalité. L'humour appliqué à des situations coloniales et postcoloniales le plus souvent difficiles, voire insoutenables, pour le continent africain, permet à Kourouma d'articuler le politique — aussi dégradé soit-il en apparence — sur le cosmique. Une telle articulation rend à l'Histoire de l'Afrique, particulièrement depuis la conquête coloniale, toute sa dimension événementielle. Au rebours d'une idéologie coloniale tenace, Kourouma nous dit que quelque chose n'a jamais cessé d'*avoir lieu* en Afrique, qui concerne le monde dans sa totalité.

This article aims to show that in Kourouma's novels, humour is both a writing device and a mode of perception of reality. When applied to colonial and postcolonial situations in Africa, situations that are most often painful, even unbearable for those who live on the African continent, humour allows Kourouma to articulate the political—no matter how watered down—and the cosmic. Such an articulation brings back to the History of Africa—and particularly since the colonial conquest—its hitherto overlooked connection to events. Against the die-hard tenets of the colonial ideology, Kourouma tells us that something never ceased to happen in Africa, something that concerns the world as a whole.

Véronique Bonnet
HISTOIRES DU FÉMININ, DISCOURS AU FÉMININ DANS L'ŒUVRE D'AHMADOU KOUROUMA

Cette étude se propose d'examiner comment au fil de l'œuvre d'Ahmadou Kourouma se construit une histoire du féminin et des discours au féminin relevant des pratiques d'une mémoire postcoloniale. Analysant le statut et le discours des personnages féminins dans l'œuvre de l'auteur ivoirien, dévoilant en quoi «l'effet personnage» se porte garant d'une reconfiguration mémorielle, l'article sonde la façon dont les personnages interrogent la mémoire du temps présent. Il se veut également attentif à l'émergence d'un récit idéologisé, celui qui entend énoncer une leçon d'histoire portant sur les récents événements de la Côte d'Ivoire.

This article is intended to explore how women's history and discourses, in the quest of postcolonial memory, are built up throughout Ahmadou Kourouma's novels. It analyses the status and discourses of female characters in the Ivorian writer's novels. It also tends to understand why Effet Personnage *is considered as a novel that helps to build up memories. The aim of the article is to state how characters wonder about present time memory. Furthermore, it takes into account the emergence of an ideological discourse, which tends to enunciate historical feedback in relation to current events in Côte d'Ivoire.*

Armelle Cressent
KOUROUMA OU LES ERREMENTS DU TÉMOIN AFRICAIN DANS L'IMPASSE DE L'HISTOIRE

Partant de l'analyse de Paul Ricœur sur les composantes épistémologiques du témoignage en histoire, nous discutons de l'apport de l'œuvre littéraire de Kourouma à une réflexion théorique quant à la possibilité pour l'Africain de témoigner de son vécu. Nous abordons des questions comme celles de l'aptitude de l'Africain à témoigner en tant qu'individu, de la relation entre l'Africain et l'auditoire nécessaire à l'écoute de son témoignage, de l'instabilité de sa présence et de son *je* dans les champs littéraire et historiographique. La trajectoire de l'œuvre de Kourouma permet en effet de formuler des pistes pour mieux comprendre la rareté des témoignages africains, principalement dans le champ de l'histoire institutionnelle.

Taking as starting point Paul Ricœur's analysis on the epistemological components of historical testimony, we discuss the contribution of the literary work of Kourouma to a theoretical reflection on the possibility of the African giving testimony to his or her experience. We broach such questions such as the African's ability to express evidence as an individual, the relation between the African and the audience required to hear the account, the instability of the African's presence and his or her I in literary and historiographic fields. The trajectory of Kourouma's work makes it possible to formulate paths to better understand the rarity of African testimonials, principally in the area of institutional history.

Exercice de lecture

Dominique Laporte
UNE PRATIQUE DE RÉÉCRITURE REVÊCHE : LA TRANSPOSITION
D'UN ROMAN À LA SCÈNE. LE CAS DE *MONT-REVÊCHE*
DANS LA THÉÂTRALISATION SANDIENNE

Infirmant l'idée reçue selon laquelle le « style coulant » (Baudelaire, Barbey d'Aurevilly) de George Sand flattait la bourgeoisie, *Mont-Revêche* exemplifie une écriture subversive qui travaille à mettre en cause la consécration des valeurs bourgeoises au lendemain du coup d'État de Louis-Napoléon Bonaparte (1851). Sous cet angle, ce roman brosse un tableau théâtralisé de la respectabilité bourgeoise pour mieux la déconstruire à des fins ironiques ou parodiques. La difficulté de George Sand à transposer *Mont-Revêche* au théâtre pour une scène parisienne, rappelle, par contre, qu'à la différence de la littérature romanesque « d'avant-garde » (les Goncourt, Flaubert), la production théâtrale sous le Second Empire devait s'accommoder de l'horizon d'attente de la bourgeoisie pour connaître le succès.

Written when the Second Empire began (1851), Mont-Revêche *invalidates the idea that middles classes were satisfied with the George Sand's style ("le style coulant, cher aux bourgeois," according to Baudelaire and Barbey d'Aurevilly). In fact, this novel challenges middles classes' values by revealing their hypocrisy thanks to the irony or parody. However, George Sand could not make* Mont-Revêche *suitable on Parisian stages because only the plays meeting the middles classes' expectations were successful under the Second Empire.*